让运动成为身心成长的基石

幼儿体育训练

青岛市体育局　编著

青岛出版集团 | 青岛出版社

图书在版编目（CIP）数据

幼儿体育训练 / 青岛市体育局编著. -- 青岛 : 青岛出版社, 2024. -- ISBN 978-7-5736-2621-9

Ⅰ. G613.7

中国国家版本馆CIP数据核字第2024HV2742号

YOU'ER TIYU XUNLIAN

书　　名	**幼儿体育训练**
编　　著	青岛市体育局
出版发行	青岛出版社（青岛市崂山区海尔路182号）
本社网址	http://www.qdpub.com
邮购电话	18613853563
责任编辑	方泽平
封面设计	马　倩
照　　排	蒋　晴
印　　刷	北京盛通印刷股份有限公司
出版日期	2024年12月第1版　2024年12月第1次印刷
开　　本	16开（787mm × 1092mm）
印　　张	8.75
字　　数	168千
书　　号	ISBN 978-7-5736-2621-9
定　　价	68.00元

编校印装质量、盗版监督服务电话 4006532017 0532-68068050

《幼儿体育训练》编委会

前言

党的十八大以来，习近平总书记高度重视青少年体育工作，强调要坚持健康第一的教育理念。为贯彻落实党的二十大报告中有关“加强青少年体育工作”的部署要求和国家青少年体育发展规划，青岛市体育局于2022年启动“少年儿童身心全面发展计划”，设计研发了一套由幼儿感统训练和幼儿体能训练相结合的幼儿体育训练课程，选择了三所幼儿园进行试点。2024年7月，青岛市体育局对试点成果进行鉴定，验证了训练课程能够有效提升幼儿心、脑、身的协调发展。充分运用试点成果，青岛市体育局编著了《幼儿体育训练》指导用书。指导用书由感统篇、体能篇、游戏篇三部分组成，依照《3–6岁儿童学习与发展指南》和“运动员长期发展模型（0–6岁阶段）”，设计了科学、精细、可操作的体育训练方法，旨在通过体育运动促进幼儿大脑和身体的全面发展，提升幼儿身心健康水平。

本套幼儿体育训练课程的特色在于将幼儿感统训练和幼儿体能训练相融合。幼儿感统训练是一种基于儿童的神经需要，引导儿童对感觉刺激做出适当反应的训练。通过各种跑、跳、滚、爬的单项及复合型动作训练，刺激儿童的视听觉、前庭觉、触觉等感官系统，提高儿童的身体协调能力、专注力，改善情绪问题。幼儿体能训练是从基本动作模式、幼儿体操、位移性技能、操作性技能、平衡稳定、柔韧素质六个模块进行设计，训练方法由简到繁，以不同的难度等级来满足不同幼儿园和个体的需求。幼儿园可以根据场地、器材、天气及幼儿身体条件等情况，遵循循序渐进的原则，有选择地进行训练。感统训练和体能训练的比例，建议小班3：1、中班1：1、大班1：3，一般每次训练时间为40–60分钟，每周2–3次。训练以促进幼儿大脑和身体协调发展为目标，合理安排运动负荷，避免过度训练，科学打造幼儿身心健康发展的新路径。

游戏是幼儿阶段重要的学习方式。体育游戏除了能够提升幼儿的身体协调性和运动能力，还能培养孩子的自主学习意识、协作意识和规则意识。本指导用书选取了闯关、对抗、控制三个类别的游戏，以有趣的方式吸引幼儿投入体育竞争中，在挑战和对抗中提高幼儿的专注力和意志力，在竞技中培养幼儿顽强的品质。本指导用书向教练员介绍了丰富的训练方法，有助于启发教练员不断创新，引导更多的幼儿参与体育游戏，在快乐中健康成长！

哈佛大学医学院的约翰·瑞迪教授在他与埃里克·哈格曼合著的《运动改造大脑》一书中提到“激励身体运动的同时，你也在激发大脑对生活的热爱”，让我们的孩子参与到运动中来，感知身体的力量，领悟合作的愉悦，体验坚持的价值，这种经历不仅能够让幼小的身体强壮起来，还能够让幼小的心灵充满热情，让孩子们享受体育的乐趣，让运动成为身心成长的基石。

与本书配套的训练视频详见网址 http://tiyuju.qingdao.gov.cn/ztzl/yetyxl/。

目录

第一部分 感统篇

第二部分 体能篇

第三部分 游戏篇

第一部分 感统篇

第一章　感统训练八大模块的解释

一、双侧分化

我们的大脑有左、右两个半球，即左脑和右脑。左右脑有着明确分工，并通过胼胝体相连接。

胼胝体在左右脑之间交叉式地传递信息，当传递的信息较多，胼胝体就会变得扁平，面积增大，左右脑之间的信息沟通就更加顺畅，大脑双侧分化功能也更加清晰。若大脑双侧分化功能不全，会使大脑下达到神经末梢的指令不清晰，从而导致儿童出现用力不当的现象，比如过度用力。并且，过多的体能消耗会使儿童难以保持专注。

训练方法：练习强化四肢协调性的动作，例如各种爬行动作及其延伸动作，建议负重训练。

二、上下肢肌张力

肌肉在静止状态下的紧张程度称为肌张力，是肌细胞相互牵引产生的力量。肌张力是维持身体各种姿势以及正常运动的基础。肌张力发展异常，会出现肌张力增高或减低两种情况：

（一）肌张力增高，表现为肌肉紧绷、僵硬，行动上过于用力。

（二）肌张力减低，表现为肌肉弛缓、身体呈软绵绵的样子。

肌张力发展异常将会直接影响动作的速度、准确度、协调性和稳定性，造成生活上的诸多不便。

训练方法：强化触觉和前庭觉训练，负重训练，补充营养。

三、手眼协调

手眼协调是指视觉和手部精细动作的配合能力。精细动作包括抓、握、伸、屈、弹、撕、推、刮、拔、鼓掌、夹、穿、抹、拍、旋转等，手眼协调能力是发展精细动作能力的关键。

训练方法：发展视知觉，进行视觉和手部配合训练。

四、五指分化

五指分化是抓握技能发展的要点之一，是对于手指力量和手部动作精准度的控制，是操作手部精细动作的能力。

训练方法：强化手部精细动作训练、手指力量训练。

五、前庭觉

前庭觉是感觉信息进入大脑的门槛，对于儿童的成长和发展至关重要。狭义的前庭觉是指前庭平衡能力，广义的前庭觉与大脑（思想、语言、感觉）、小脑（协调运动、调节躯体平衡）、脑干（维持呼吸、心跳）的部分功能有密切的关系。

前庭觉的功能有：

1. 平衡协调：接受身体各关节及肌肉传来的信息，来调整头部的方向和重心，同时指挥肌肉做出正确的动作，以维持全身的平衡。

2. 维持生命：过滤与筛选所有进入大脑的感觉信息，以保持正常脑压及维持正常的脑功能运作。

3. 过滤筛选：接受脸部正前方的视、听、嗅觉等信息，进行过滤及辨识之后传入大脑。

训练方法：爬行、攀爬、翻滚、摇晃、摆荡、旋转、跳跃等动作训练；跑步和追逐游戏。

六、本体觉

本体觉一般指深感觉，它的感觉接收器在肌腱、骨膜、韧带、关节、深层肌肉等处。当胎儿出生后产生的第一层触觉系统发展出更多的分枝和网络时，触觉系统将与本体觉结合成为更完整的本体觉系统。本体觉系统是所有感觉系统中最晚成熟的一个，是六大基本感觉系统发展的综合表现。

锻炼儿童本体觉的作用：

1. 帮助儿童建立对身体的概念。本体觉在儿童 5 岁左右发展迅速，因此这个年龄段的儿童特别喜欢玩捉迷藏。

2. 培养儿童计划、组织动作的能力。对没有玩过的新游戏，儿童也可借助经验来计划、组织动作，尝试用自己的方法执行新游戏的动作。

3. 增强儿童的自信心。良好的本体觉有助于培养儿童的自理能力，自理能力强的儿童通常在各个领域均有不错的表现。

训练方法：

1. 强化深层触觉、关节触觉和内腔触觉训练。

2. 强化前庭觉训练。

3. 着重进行不用眼看就能完成的动作训练。

七、触觉

触觉是指分布于全身皮肤的神经细胞接受来自外界的温度、湿度、压力、振动等而产生的感觉。

触觉与身体的第一次联结发生在胎儿出生时产道对胎儿的挤压。随着幼儿日后感官刺激的不断丰富，突触会越长越多，逐渐形成完善的触觉系统。触觉是全身感觉细胞最多的感觉系统，是一切感觉系统的发展通路。

训练方法：通过按摩、抚触强化表层触觉训练，通过跑、跳、滚、爬、拉伸、挤压等动作强化深层触觉训练。

八、视听觉

视觉：通过眼睛我们能够收集到颜色、形状、大小等外界信息，这些信息在其他脑功能区的运作下，帮助我们辨别距离、层次、方位等。

听觉：声波的刺激作用于听觉器官而产生的感觉。听觉是除了视觉外，人类获取外界信息的重要方式之一。

训练方法：强化视听觉辨别能力、记忆能力训练。

第二章 感统训练八大模块训练动作

一、双侧分化训练

难度等级 Ⅰ

手脚爬、侧手脚爬、倒手脚爬、手膝爬、侧向手膝爬、倒手膝爬、匍匐爬、挺腰仰爬、虫形爬。

难度等级 Ⅱ

S 形绕桩手脚爬、手脚爬过障碍、手脚爬轮胎、手脚爬推体能圈、手膝爬推体能圈、S 形绕桩手膝爬、头顶体能圈手膝爬、手膝爬后背运物、限高匍匐爬、挺腰仰爬过障碍、S 形绕桩虫形爬。

难度等级 Ⅲ

手脚爬运篮球、倒手脚爬脚勾体能圈、倒匍匐爬过障碍、“123 木头人”手脚爬、虫形爬夹物。

二、上下肢肌张力训练

难度等级 Ⅰ

双脚跳、单脚跳、猴蹲跳、青蛙跳、手撑地静止（图 1-2-1）、推泡沫砖。

图 1-2-1 手撑地静止

难度等级 Ⅱ

双脚跳泡沫砖、单脚跳体能圈、敏捷梯猴蹲跳、侧向猴蹲跳、青蛙跳跳过体能圈、推轮胎、手撑地左右跳。

难度等级 Ⅲ

双脚跳抛接球、单脚跳投球入桶、倒猴蹲跳直线、背手青蛙跳跳过障碍、小推车爬行、翻轮胎。

三、手眼协调训练

难度等级 Ⅰ

抛接球、小棍击球、双手拍球、单手拍球、左右手交替拍球、拍小球、相互推球。

难度等级 Ⅱ

站标志桶抛接球、站标志桶击球、相互传球、站平衡木上左右手传球、交叉走直线抛接球、拍球走直线、拍球 S 形绕障碍走。

难度等级 Ⅲ

旋转跳抛接球、定点投球、手脚撑地左右手传球、脚跟贴脚尖走抛接球、拍球倒着走直线、拍球推轮胎走直线、拍球翻纸杯、趴地推球。

四、五指分化训练

难度等级 Ⅰ

手指操、扭玩具螺丝螺母、食指夹球、手指夹豆子、撕纸。

难度等级 Ⅱ

镊子夹豆子、手指运篮球、S 形运篮球过障碍、食指夹球走直线。

难度等级 Ⅲ

系扣子、解扣子、折纸、剪纸、做手工、食指夹球过障碍。

五、前庭觉训练

难度等级 Ⅰ

斜坡前滚翻、平地侧滚翻、爬跳箱、上下跳、上下爬、冲滑板车、荡秋千、原地转圈。

难度等级 Ⅱ

斜坡侧滚翻、前滚翻、后滚翻、走平衡木、跳障碍、跳台阶、旋转爬、旋转跳。

难度等级 Ⅲ

连续前滚翻、指压板侧滚翻、大龙球后滚翻、过障碍前滚翻。

六、本体觉训练

难度等级 Ⅰ

倒走、倒手膝爬、倒手脚爬、指五官、倒双脚跳、蒙眼爬。

难度等级 Ⅱ

倒跑、S 形倒手膝爬、S 形倒手脚爬、脚跟对脚尖倒走直线、蒙眼击球、侧向双脚跳、蒙眼爬直线。

难度等级Ⅲ

倒手脚爬过障碍、匍匐爬钻横杆、蒙眼走直线、倒单脚跳、蒙眼爬过障碍、蒙眼听声辨位。

七、触觉训练

难度等级Ⅰ

走指压板、大龙球挤压、按摩抚触、摸草地、摸沙子、玩橡皮泥、玩水、穿过彩虹隧道。

难度等级Ⅱ

双脚跳过指压板、手膝爬指压板、大龙球对抗、沙子寻宝、穿过侧放的轮胎。

难度等级Ⅲ

指压板侧滚翻、大垫子对抗、负重训练、推箱子、抱重物跳、虫形爬推轮胎。

八、视听觉训练

难度等级Ⅰ

红灯停绿灯行、按要求选卡片、颜色辨别、“123 木头人”游戏、“老狼老狼几点了”游戏、听节奏行走。

难度等级Ⅱ

听指令做动作、听词语做动作、看记颜色拿积木、做动作点数、做动作记卡片。

难度等级Ⅲ

正听反做、听固定词语做动作（逐步增加固定词语数量）、看记词语、听记接龙。

第三章 单元训练

第一节 上学期第一单元训练

训练一

训练点： 1. 双侧分化　　2. 前庭觉　　3. 下肢肌张力

训练用时： 基础训练、标准训练、进阶训练各在 10 分钟内完成。

1. 双侧分化训练

基础训练

手膝爬直线：跪在地上，五指张开，指尖朝前，掌心着地，抬头目视前方，脚背贴地，四肢交替向前沿直线爬行。（5 米 / 组 ×4 组）

图 1-3-1 手膝爬直线

标准训练

倒手膝爬直线：以手膝爬直线的方式倒着沿直线爬行。（8 米 / 组 ×4 组）

进阶训练

侧向手膝爬：以手膝爬直线的方式向一侧爬行。（8 米 / 组 ×4 组）

2. 前庭觉训练

基础训练

斜坡前滚翻：双脚分开与肩膀同宽，站在斜坡垫上，双手撑在垫子上，注意双手不要离脚太远，弯腰让脑袋尽量接近双腿，重心前移，完成翻滚。（小朋友分组排队练习，每人翻滚 3 次）

标准训练

前滚翻：双脚分开与肩膀同宽，站在垫子上，双手撑在垫子上，注意双手不要离脚太远，弯腰让脑袋尽量接近双腿，双脚用力蹬地向前翻滚。（小朋友分组排队练习，每人翻滚 4 次）

进阶训练

（1）前滚翻坐：做前滚翻的动作，利用翻滚的惯性坐在垫子上。（小朋友分组排队练习，每人翻滚 4 次）

（2）膝夹小球前滚翻：将小球夹在双腿中间，以前滚翻的方式向前翻滚。（小朋友分组排队练习，每人翻滚 4 次）

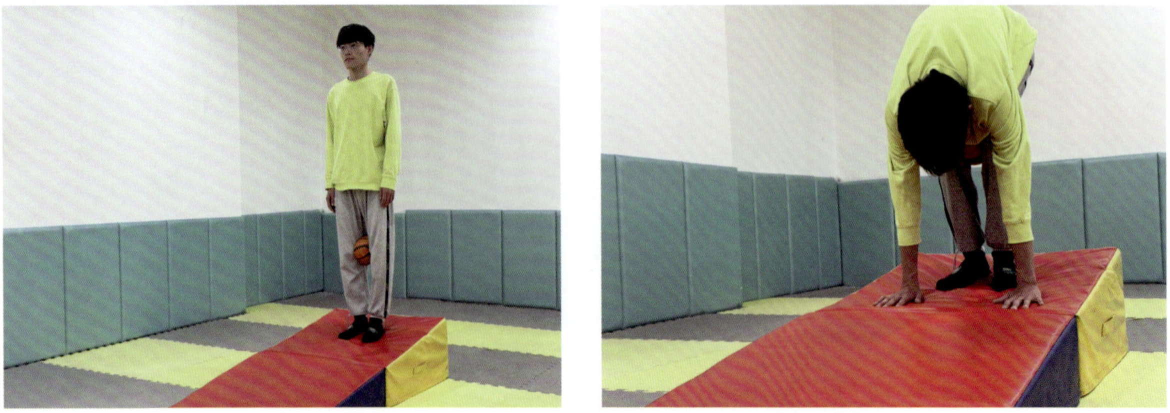

图 1-3-2 膝夹小球前滚翻

3. 下肢肌张力训练

基础训练

原地双脚跳：站在一个体能圈里，双脚并拢，双手叉腰，双脚同时起跳、同时落地，起跳和落地都在同一个圈里。（10 下 / 组 ×3 组）

标准训练

双脚跳过障碍：将 5 个大概 20 厘米高的栏架摆成一列，小朋友排队，以双脚跳的方式依次跳过 5 个栏架。（练习 5 组）

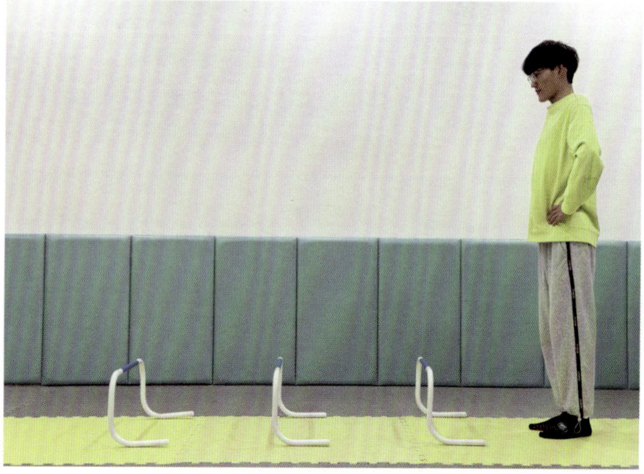

图 1-3-3 双脚跳过障碍

进阶训练

（1）单脚跳：抬起一只脚，单脚起跳、单脚落地，中途不可以换脚。（10 下 / 组 ×4 组）

（2）双脚跳过轮胎：将 6 个轮胎摆成一列，小朋友排队，以双脚跳的方式依次跳过 6 个轮胎。（练习 5 组）

图 1-3-4 双脚跳过轮胎

训练二

训练点： 1. 双侧分化　　2. 前庭觉　　3. 手眼协调

训练用时： 基础训练、标准训练、进阶训练各在 10 分钟内完成。

1. 双侧分化训练

基础训练

虫形爬：坐在地上，双腿并拢伸直，五指张开，指尖朝前，用力撑地将屁股抬起，膝盖弯曲，手随身体向前移动，腿再伸直，重复此动作向前爬行。（5 米 / 组 ×3 组）

标准训练

膝夹体能圈虫形爬：将体能圈夹在双腿中间，以虫形爬的方式向前爬行。（8 米 / 组 ×4 组）

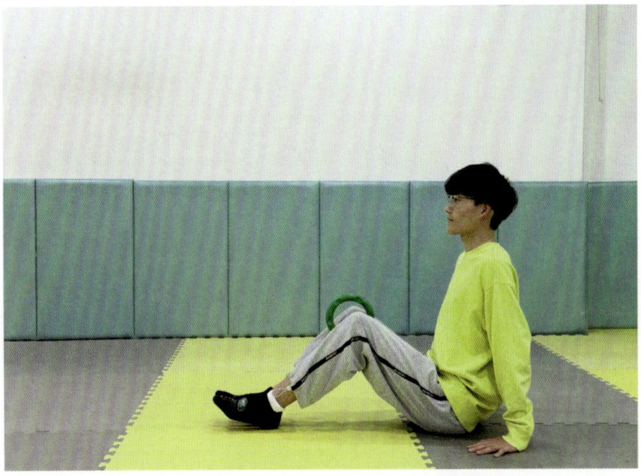

图 1-3-5 膝夹体能圈虫形爬

进阶训练

虫形爬蹬轮胎：坐在地上，双腿并拢伸直，双脚抵在轮胎上，以虫形爬的方式向前移动，腿伸直向前蹬轮胎，重复此动作。（8 米 / 组 ×4 组）

图 1-3-6 虫形爬蹬轮胎

2. 前庭觉训练

基础训练

侧滚翻：将垫子铺在地上，小朋友躺在垫子上，双手举过头顶并拢，双腿伸直并拢，用力向一侧翻滚。（5 米 / 组 ×3 组）

标准训练

斜坡侧滚翻：将厚垫子搭在轮胎上，小朋友躺在垫子上，以侧滚翻的方式沿着斜坡向下翻滚。（2 次 / 组 ×4 组）

进阶训练

指压板侧滚翻：将指压板铺在垫子上，小朋友躺在指压板上，以侧滚翻的方式用力向一侧翻滚。（8 米 / 组 ×4 组）

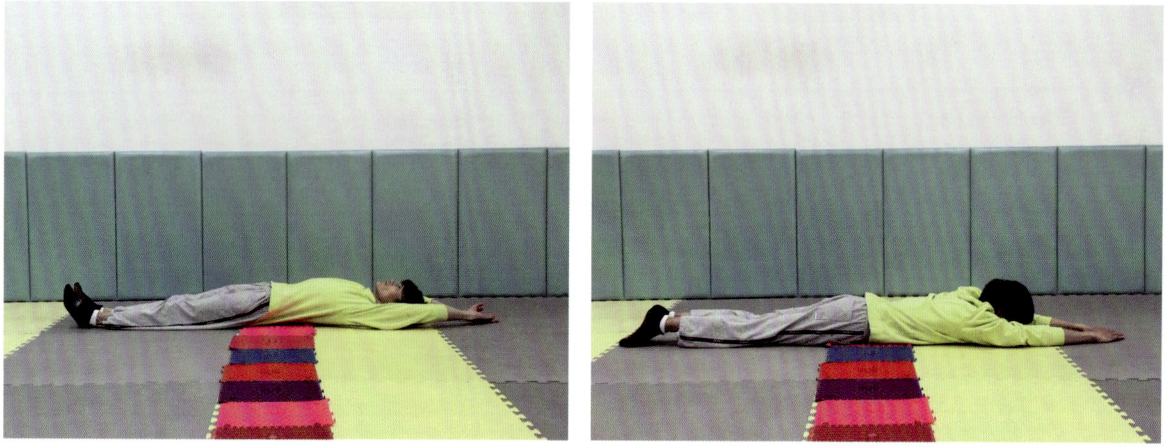

图 1-3-7 指压板侧滚翻

3. 手眼协调训练

基础训练

拍气球：教练用一根绳子将气球吊起，小朋友用力向前拍气球，当气球荡回来后，再次进行拍打。（3 次 / 组 ×3 组）

标准训练

抛接球：小朋友站在地上，双手伸出，接住教练抛过来的篮球。（5 次 / 组 ×4 组）

进阶训练

泡沫砖抛接球：小朋友站在泡沫砖上，双手伸出，接住教练抛过来的篮球。（3 次 / 组 ×4 组）

训练三

训练点：1. 双侧分化　2. 触觉　3. 前庭觉

训练用时：基础训练、标准训练、进阶训练各在10分钟内完成。

1. 双侧分化训练

基础训练

手脚爬：五指张开，掌心着地，指尖朝前，小腿尽量和地面平行，膝盖不要着地，抬头目视前方，四肢交替向前爬行。（5米/组 ×3组）

标准训练

手脚爬过障碍：将栏架均匀地放在跑道上，以手脚爬的方式越过栏架向前爬行。（8米/组 ×4组）

进阶训练

手脚爬踢泡沫砖：将泡沫砖放在手和脚中间，以手脚爬的方式一边踢泡沫砖一边向前爬行。（8米/组 ×4组）

图 1-3-8 手脚爬踢泡沫砖

2. 触觉训练

基础训练

大龙球挤压按摩：小朋友躺在地上，教练用大龙球轻轻挤压小朋友。（一组 5 分钟）

标准训练

在指压板上走、跑、跳、滚，需脱鞋光脚完成。（8 米 / 组 ×4 组）

图 1-3-9 在指压板上走、跑、跳、滚

进阶训练

大垫子对抗：小朋友靠墙站成一排，教练和小朋友面对面站立，中间放一个大垫子，小朋友和教练同时推垫子。小朋友需要用力将垫子往外推，教练需要适当用力将垫子推到小朋友身上。（1 分钟 / 次 ×4 次）

3. 前庭觉训练

基础训练

后滚翻：小朋友躺在数字组合垫上，垫子的厚度需要超过小朋友腰部的高度，小朋友双手抱住教练的一只胳膊，双腿并紧，双脚抬过头顶，教练托一下小朋友的腰，小朋友顺势翻下。（2 个 / 组 ×3 组）

标准训练

膝夹小球后滚翻：小朋友躺在数字组合垫上，将小球夹在两腿中间，以后滚翻的方式翻下。（3个/组 ×4组）

进阶训练

大龙球后滚翻：将大龙球放在垫子上，小朋友躺在大龙球上，将小球夹在两腿中间，以后滚翻的方式翻下。（3个/组 ×4组）

图 1-3-10 大龙球后滚翻

训练四

训练点： 1. 双侧分化　2. 下肢肌张力　3. 本体觉

训练用时： 除个别说明外，基础训练、标准训练、进阶训练各在10分钟内完成。

1. 双侧分化训练

基础训练

匍匐爬：趴在垫子上，协调四肢向前爬行，注意爬行过程中肚子和脚需要一直贴在垫子上。（5米/组 ×3组）

标准训练

匍匐爬钻横杆：趴在垫子上，以匍匐爬的方式钻过横杆向前爬行。（8 米 / 组 ×4 组）

进阶训练

手推泡沫砖匍匐爬钻横杆：趴在垫子上，以匍匐爬的方式一边钻过横杆，一边手推泡沫砖向前爬行。（8 米 / 组 ×4 组）

图 1-3-11 手推泡沫砖匍匐爬钻横杆

2. 下肢肌张力训练

基础训练

前进双脚跳：将体能圈摆成一列，用双脚跳的方式依次跳过体能圈。（5 米 / 组 ×3 组）

标准训练

膝夹体能圈双脚跳：将体能圈摆成一列放在垫子上，两腿中间夹一个体能圈，用双脚跳的方式依次跳过体能圈。（8 米 / 组 ×4 组）

进阶训练

双脚跳过泡沫砖：将泡沫砖摆成一列，用双脚跳的方式依次跳过泡沫砖。（8 米 / 组 ×4 组）

3. 本体觉训练

基础训练

倒走：用倒着走的方式沿着直线从起点走到终点。（5 米 / 组 ×3 组，限时 15 分钟）

标准训练

倒跑接力赛：将小朋友均匀地分成多组，用倒着跑的方式完成接力赛。（10 米 / 次 ×4 次，限时 15 分钟）

进阶训练

倒手脚爬：以手脚爬的方式倒着爬行。（10 米 / 组 ×4 组）

第二节　上学期第二单元训练

训练一

训练点： 1. 手眼协调　　2. 前庭觉　　3. 视听觉

训练用时： 基础训练、标准训练、进阶训练各在 10 分钟内完成。

1. 手眼协调训练

基础训练

抛接球：小朋友站在地上，双手伸出，接住教练抛过来的篮球。（2 次 / 组 ×3 组）

标准训练

梅花桩抛接球：小朋友站在梅花桩上，双手伸出，接住教练抛过来的篮球。（3 次 / 组 ×4 组）

图 1-3-12　梅花桩抛接球

进阶训练

梅花桩接飞盘：小朋友站在梅花桩上，双手伸出，接住教练抛过来的飞盘。（3 次 / 组 ×4 组）

2. 前庭觉训练

基础训练

泡沫砖平衡走：将泡沫砖摆成一列，双手侧平举，目视前方，从泡沫砖上走过去。（5米/组 ×3组）

图 1-3-13 泡沫砖平衡走

标准训练

脚尖对脚跟平衡走：双手侧平举，目视前方，沿着直线，脚尖对脚跟向前走。（8米/组 ×4组）

进阶训练

头顶体能圈脚尖对脚跟平衡走：头顶体能圈，做脚尖对脚跟平衡走的动作。（8米/组 ×4组）

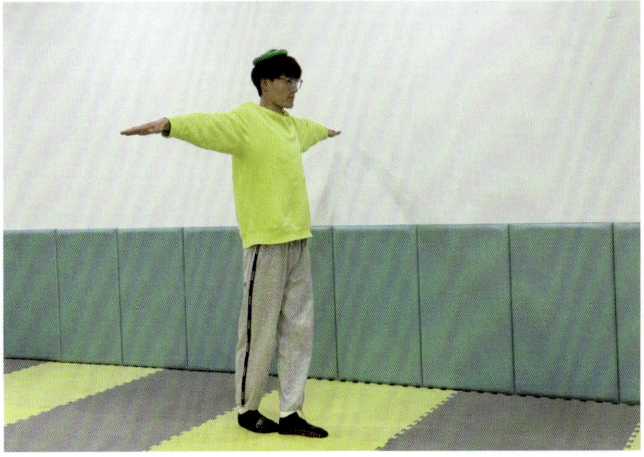

图 1-3-14 头顶体能圈脚尖对脚跟平衡走

3. 视听觉训练

基础训练

红绿灯：让小朋友沿固定路线行走，教练控制红绿灯。当红灯亮起时，小朋友停下；当绿灯亮起时，小朋友继续往前走。（3 次 / 组 ×3 组）

标准训练

听指令做动作：小朋友听教练的指令做出相应的动作。（5 个 / 组 ×4 组）

进阶训练

听节拍开合跳：小朋友根据教练发出的节拍，做相应速度和数量的开合跳。（5 次 / 组 ×4 组）

训练二

训练点： 1. 触觉　2. 本体觉　3. 五指分化

训练用时： 除个别说明外，基础训练、标准训练、进阶训练各在 10 分钟内完成。

1. 触觉训练

基础训练

走指压板：将指压板均匀地摆在跑道上，让小朋友光脚走过指压板。（5 米 / 组 ×3 组）

标准训练

双脚跳过指压板：将指压板均匀地摆在跑道上，让小朋友以双脚跳的方式光脚跳过指压板。（8 米 / 组 ×4 组）

进阶训练

手脚爬指压板：将指压板均匀地摆在跑道上，让小朋友以手脚爬的方式光脚爬过指压板。（8米/组 ×4组）

2. 本体觉训练

基础训练

倒走：用倒着走的方式沿着直线从起点走到终点。（5米/组 ×3组，限时15分钟）

标准训练

倒跑接力赛：将小朋友均匀地分成多组，用倒着跑的方式完成接力赛。（10米/次 ×4次，限时15分钟）

进阶训练

倒手脚爬：以手脚爬的方式倒着爬行。（10米/组 ×4组）

3. 五指分化训练

基础训练

拧螺丝：给每个小朋友6个拧好螺帽的螺丝，小朋友用大拇指和食指将螺帽拧下来。

标准训练

解衣服扣：小朋友穿好衬衫，将自己衬衫的所有纽扣解开再系上。（练习5次）

进阶训练

系绳结、解绳结：给每个小朋友一根鞋带，让小朋友系简单的绳结再解开。（练习5次）

训练三

训练点： 1. 双侧分化　2. 触觉　3. 前庭觉

训练用时： 基础训练、标准训练、进阶训练各在 10 分钟内完成。

1. 双侧分化训练

基础训练

手脚爬：五指张开，掌心着地，指尖朝前，小腿尽量和地面平行，膝盖不要着地，抬头目视前方，四肢交替向前爬行。（5 米 / 组 ×3 组）

标准训练

手脚爬过障碍：将栏架均匀地放在跑道上，以手脚爬的方式越过栏架向前爬行。（8 米 / 组 ×4 组）

进阶训练

手脚爬踢泡沫砖：将泡沫砖放在手和脚中间，以手脚爬的方式一边踢泡沫砖一边向前爬行。（8 米 / 组 ×4 组）

2. 触觉训练

基础训练

大龙球挤压按摩：小朋友躺在地上，教练用大龙球轻轻挤压小朋友。（一组 5 分钟）

标准训练

在指压板上走、跑、跳、滚，需脱鞋光脚完成。（8 米 / 组 ×4 组）

进阶训练

大垫子对抗：小朋友靠墙站成一排，教练和小朋友面对面站立，中间放一个大垫子，小朋友和教练同时推垫子。小朋友需要用力将垫子往外推，教练需要适当用力将垫子推到小朋友身上。（1 分钟 / 次 ×4 次）

3. 前庭觉训练

基础训练

后滚翻：小朋友躺在数字组合垫上，垫子的厚度需要超过小朋友腰部的高度，小朋友双手抱住教练的一只胳膊，双腿并紧，双脚抬过头顶，教练托一下小朋友的腰，小朋友顺势翻下。（2 个 / 组 ×3 组）

标准训练

膝夹小球后滚翻：小朋友躺在数字组合垫上，将小球夹在两腿中间，以后滚翻的方式翻下。（3 个 / 组 ×4 组）

进阶训练

大龙球后滚翻：将大龙球放在垫子上，小朋友躺在大龙球上，将小球夹在两腿中间，以后滚翻的方式翻下。（3 个 / 组 ×4 组）

训练四

训练点： 1. 双侧分化　2. 前庭觉　3. 下肢肌张力

训练用时： 基础训练、标准训练、进阶训练各在 10 分钟内完成。

1. 双侧分化训练

基础训练

手膝爬直线：跪在地上，五指张开，指尖朝前，掌心着地，抬头目视前方，脚背贴地，四肢交替向前沿直线爬行。（5 米 / 组 ×3 组）

标准训练

倒手膝爬直线：以手膝爬直线的方式倒着沿直线爬行。（8 米 / 组 ×4 组）

进阶训练

S形手膝爬：将梅花桩均匀地摆在跑道上。以手膝爬的方式四肢交替绕梅花桩S形向前爬行。（8米/组 ×4组）

2. 前庭觉训练

基础训练

斜坡前滚翻：双脚分开与肩膀同宽，站在斜坡垫上，双手撑在垫子上，注意双手不要离脚太远，弯腰让脑袋尽量接近两腿，重心前移，完成翻滚。（小朋友分组排队练习，每人翻滚3次）

标准训练

前滚翻：双脚分开与肩膀同宽，站在垫子上，双手撑在垫子上，注意双手不要离脚太远，弯腰让脑袋尽量接近两腿，双脚用力蹬地向前翻滚。（小朋友分组排队练习，每人翻滚4次）

进阶训练

膝夹小球前滚翻：将小球夹在两腿中间，以前滚翻的方式向前翻滚。（小朋友分组排队练习，每人翻滚4次）

3. 下肢肌张力训练

基础训练

原地双脚跳：站在一个体能圈里，双脚并拢，双手叉腰，双脚同时起跳、同时落地，起跳和落地都在同一个圈里。（10下/组 ×3组）

标准训练

双脚跳过障碍：将5个大概20厘米高的栏架摆成一列，小朋友排队，以双脚跳的方式依次跳过5个栏架。（练习5组）

进阶训练

双脚跳过轮胎：将6个轮胎摆成一列，小朋友排队，以双脚跳的方式依次跳过6个轮胎。（练习5组）

第三节　上学期第三单元训练

训练一

训练点： 1. 双侧分化　2. 前庭觉　3. 手眼协调

训练用时： 基础训练、标准训练、进阶训练各在 10 分钟内完成。

1. 双侧分化训练

基础训练

虫形爬：坐在地上，双腿并拢伸直，五指张开，指尖朝前，用力撑地将屁股抬起，膝盖弯曲，手随身体向前移动，腿再伸直，重复此动作向前爬行。（5 米 / 组 ×3 组）

标准训练

膝夹体能圈虫形爬：将体能圈夹在双腿中间，以虫形爬的方式向前爬行。（8 米 / 组 ×4 组）

进阶训练

虫形爬蹬轮胎：坐在地上，双腿并拢伸直，双脚抵在轮胎上，以虫形爬的方式向前移动，腿伸直向前蹬轮胎，重复此动作。（8 米 / 组 ×4 组）

2. 前庭觉训练

基础训练

侧滚翻：将垫子铺在地上，小朋友躺在垫子上，双手举过头顶并拢，双腿伸直并拢，用力向一侧翻滚。（5 米 / 组 ×3 组）

标准训练

斜坡侧滚翻：将厚垫子搭在轮胎上，小朋友躺在垫子上，以侧滚翻的方式沿着斜坡向下翻滚。（3 次 / 组 ×4 组）

进阶训练

指压板侧滚翻：将指压板铺在垫子上，小朋友躺在指压板上，以侧滚翻的方式用力向一侧翻滚。（8 米 / 组 ×4 组）

3. 手眼协调训练

基础训练

拍气球：教练用一根绳子将气球吊起，小朋友用力向前拍气球，当气球荡回来后，再次进行拍打。（3 次 / 组 ×3 组）

标准训练

抛接球：小朋友站在地上，双手伸出，接住教练抛过来的篮球。（5 次 / 组 ×4 组）

进阶训练

泡沫砖抛接球：小朋友站在泡沫砖上，双手伸出，接住教练抛过来的篮球。（3 次 / 组 ×4 组）

训 练 二

训练点： 1. 触觉　　2. 本体觉　　3. 五指分化

训练用时： 除个别说明外，基础训练、标准训练、进阶训练各在 10 分钟内完成。

1. 触觉训练

基础训练

走指压板：将指压板均匀地摆在跑道上，让小朋友光脚走过指压板。（5 米 / 组 ×3 组）

标准训练

双脚跳过指压板：将指压板均匀地摆在跑道上，让小朋友以双脚跳的方式光脚跳过指压板。（8米/组 ×4组）

进阶训练

手脚爬指压板：将指压板均匀地摆在跑道上，让小朋友以手脚爬的方式光脚爬过指压板。（8米/组 ×4组）

2. 本体觉训练

基础训练

倒走：以倒着走的方式沿着直线从起点走到终点。（5米/组 ×3组，限时15分钟）

标准训练

倒跑接力赛：将小朋友均匀地分成多组，以倒着跑的方式完成接力赛。（10米/次 ×4次，限时15分钟）

进阶训练

倒手脚爬：以手脚爬的方式倒着爬行。（10米/组 ×4组）

3. 五指分化训练

基础训练

拧螺丝：给每个小朋友6个拧好螺帽的螺丝，小朋友用大拇指和食指将螺帽拧下来。

标准训练

解衣服扣：小朋友穿好衬衫，将自己衬衫的所有纽扣解开再系上。（练习5次）

进阶训练

系绳结、解绳结：给每个小朋友一根鞋带，让小朋友系简单的绳结再解开。（练习 5 次）

训练三

训练点： 1. 手眼协调　2. 前庭觉　3. 视听觉

训练用时： 基础训练、标准训练、进阶训练各在 10 分钟内完成。

1. 手眼协调训练

基础训练

抛接球：小朋友站在地上，双手伸出，接住教练抛过来的篮球。（2 个 / 组 ×3 组）

标准训练

梅花桩抛接球：小朋友站在梅花桩上，双手伸出，接住教练抛过来的篮球。（3 个 / 组 × 4 组）

进阶训练

梅花桩接飞盘：小朋友站在梅花桩上，双手伸出，接住教练抛过来的飞盘。（3 个 / 组 × 4 组）

2. 前庭觉训练

基础训练

侧滚翻：将垫子铺在地上，小朋友躺在垫子上，双手举过头顶并拢，双腿伸直并拢，用力向一侧翻滚。（5 米 / 组 ×3 组）

标准训练

斜坡侧滚翻：将厚垫子搭在轮胎上，小朋友躺在垫子上，以侧滚翻的方式沿着斜坡向下翻滚。（3次 / 组 ×4 组）

进阶训练

指压板侧滚翻：将指压板铺在垫子上，小朋友躺在指压板上，以侧滚翻的方式用力向一侧翻滚。（8 米 / 组 ×4 组）

3. 视听觉训练

基础训练

红绿灯：让小朋友沿固定路线行走，教练控制红绿灯。当红灯亮起时，小朋友停下；当绿灯亮起时，小朋友继续往前走。（练习 5 次）

标准训练

听指令做动作：小朋友听教练的指令做出相应的动作。（5 次 / 组 ×3 组）

进阶训练

听节拍开合跳：小朋友根据教练发出的节拍，做相应速度和数量的开合跳。（5 次 / 组 ×3 组）

训练四

训练点： 1. 双侧分化　2. 前庭觉　3. 手眼协调

训练用时： 基础训练、标准训练、进阶训练各在 10 分钟内完成。

1. 双侧分化训练

基础训练

虫形爬：坐在地上，双腿并拢伸直，五指张开，指尖朝前，用力撑地将屁股抬起，膝盖弯曲，手随身体向前移动，腿再伸直，重复此动作向前爬行。（8 米 / 组 ×3 组）

标准训练

膝夹体能圈虫形爬：将体能圈夹在两腿中间，以虫形爬的方式向前爬行。（8 米 / 组 ×4 组）

进阶训练

虫形爬蹬轮胎：坐在地上，双腿并拢伸直，双脚抵在轮胎上，以虫形爬的方式向前移动，腿伸直向前蹬轮胎，重复此动作。（8 米 / 组 ×4 组）

2. 前庭觉训练

基础训练

侧滚翻：将垫子铺在地上，小朋友躺在垫子上，双手举过头顶并拢，双腿伸直并拢，用力向一侧翻滚。（5 米 / 组 ×3 组）

标准训练

斜坡侧滚翻：将厚垫子搭在轮胎上，小朋友躺在垫子上，以侧滚翻的方式沿着斜坡向下翻滚。（3 次 / 组 ×4 组）

进阶训练

指压板侧滚翻：将指压板铺在垫子上，小朋友躺在指压板上，以侧滚翻的方式用力向一侧翻滚。（8 米 / 组 ×4 组）

3. 手眼协调训练

基础训练

抛接球：小朋友站在地上，双手伸出，接住教练抛过来的篮球。（2个/组 ×3组）

标准训练

梅花桩抛接球：小朋友站在梅花桩上，双手伸出，接住教练抛过来的篮球。（3个/组 ×4组）

进阶训练

梅花桩接飞盘：小朋友站在梅花桩上，双手伸出，接住教练抛过来的飞盘。（3个/组 ×4组）

第四节　上学期第四单元训练

训练一

训练点：1. 双侧分化　　2. 上下肢肌张力　　3. 手眼协调

训练用时：基础训练、标准训练、进阶训练各在 10 分钟内完成。

1. 双侧分化训练

基础训练

手脚爬：五指张开，掌心着地，指尖朝前，小腿尽量和地面平行，膝盖不要着地，抬头目视前方，四肢交替沿直线向前爬。（5 米 / 组 ×3 组）

标准训练

手脚爬过障碍：将栏架均匀地放在跑道上，以手脚爬的方式越过栏架向前爬行。（8 米 / 组 ×4 组）

进阶训练

侧手脚爬翻纸杯：以手脚爬的方式向一侧爬行，把沿路的纸杯翻转过去。（8 米 / 组 ×4 组）

2. 上下肢肌张力训练

基础训练

S 形绕障碍双脚跳：双脚并拢，按 S 形绕障碍向前跳跃。（5 米 / 组 ×3 组）

标准训练

双脚跳过障碍：双脚并拢向前跳过障碍。（8 米 / 组 ×4 组）

进阶训练

前后单脚跳过体能圈：将体能圈摆成一列，根据指令单脚向前、向后跳，如：向后跳一下、向前跳两下。（8 米 / 组 ×4 组）

3. 手眼协调训练

基础训练

原地双手拍球：站在原地，双手拍球并数数。（20 个 / 组 ×3 组）

标准训练

左右手交替拍球：站在原地，左右手交替拍球。（20 个 / 组 ×4 组）

进阶训练

单手拍球走直线：一边单手拍球一边向前走直线。（8 米 / 组 ×4 组）

图 1-3-15 单手拍球走直线

训练二

训练点： 1. 双侧分化　　2. 本体觉　　3. 手眼协调

训练用时： 基础训练、标准训练、进阶训练各在 10 分钟内完成。

1. 双侧分化训练

基础训练

膝夹体能圈虫形爬：将体能圈夹在双腿中间，以虫形爬的方式向前爬行。（5 米 / 组 ×3 组）

标准训练

膝夹体能圈倒虫形爬：以膝夹体能圈虫形爬的方式倒着爬行。（8 米 / 组 ×4 组）

进阶训练

膝夹体能圈侧向虫形爬：以膝夹体能圈虫形爬的方式向一侧爬行。（8 米 / 组 ×4 组）

2. 本体觉训练

基础训练

原地开合跳：起跳时张开双腿，双手从身体两侧向上举过头顶并击掌，落地时双手迅速回到身体两侧，双脚同时合并触地，重复该动作。（5 米 / 组 ×3 组）

标准训练

敏捷梯开合跳：以开合跳的方式通过敏捷梯，每次向前跳一个格子。（8 米 / 组 ×4 组）

图 1-3-16 敏捷梯开合跳

进阶训练

听节拍开合跳：小朋友根据教练发出的节拍，做相应速度和数量的开合跳。（8 米 / 组 ×4 组）

3. 手眼协调训练

基础训练

站标志桶抛接球：站在标志桶上接住教练抛过来的球，再抛还给教练。（3 个 / 组 ×3 组）

标准训练

前滚翻抛接球：做前滚翻的动作，站起后抛接球。（4 个 / 组 ×4 组）

进阶训练

站轮胎手持小桶接小球：双脚分开站在轮胎上，双手抓住小桶，用小桶接住飞来的小球。（5 个 / 组 ×4 组）

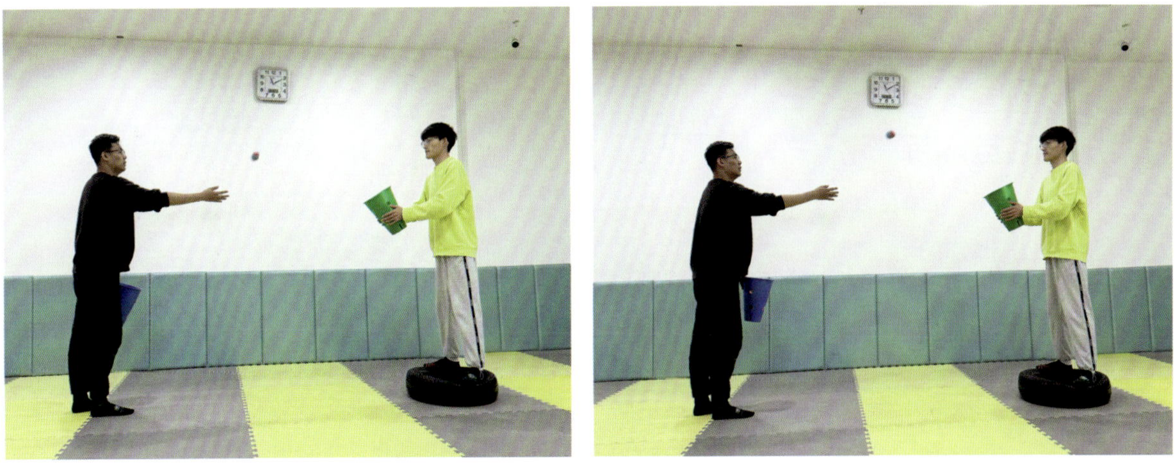

图 1-3-17 站轮胎手持小桶接小球

训练三

训练点： 1. 本体觉　2. 前庭觉　3. 双侧分化

训练用时： 基础训练、标准训练、进阶训练各在 10 分钟内完成。

1. 本体觉训练

基础训练

原地开合跳：起跳时张开双腿，双手从身体两侧向上举过头顶并击掌，落地时双手迅速回到身体两侧，双脚同时合并触地，重复该动作。（5 米 / 组 ×3 组）

标准训练

敏捷梯倒开合跳：背向敏捷梯，以开合跳的方式倒着跳过敏捷梯，每次跳一个格子。（8 米 / 组 ×4 组）

进阶训练

听节拍开合跳：小朋友根据教练发出的节拍，做相应速度和数量的开合跳。（8 米 / 组 ×4 组）

2. 前庭觉训练

基础训练

前滚翻：双脚分开与肩膀同宽，站在垫子上，双手撑在垫子上，注意双手不要离脚太远，弯腰让脑袋尽量接近两腿，双脚用力蹬地向前翻滚。（2 个 / 组 ×3 组）

标准训练

前滚翻接坐立：做完前滚翻的动作后，立马并拢双腿，上身挺直坐好。（3 个 / 组 ×4 组）

进阶训练

连续前滚翻：前滚翻后迅速站起，连续做前滚翻的动作。（3 个 / 组 ×4 组）

3. 双侧分化训练

基础训练

倒手脚爬：以手脚爬的方式倒着爬行。（5 米 / 组 ×3 组）

标准训练

手脚爬过障碍：将栏架均匀地放在跑道上，以手脚爬的方式越过栏架向前爬行。（8 米 / 组 ×4 组）

进阶训练

侧手脚爬翻纸杯：以手脚爬的方式向一侧爬行，把沿路的纸杯翻转过去。（8 米 / 组 ×4 组）

训练四

训练点： 1. 上下肢肌张力　2. 手眼协调　3. 前庭觉

训练用时： 基础训练、标准训练、进阶训练各在 10 分钟内完成。

1. 上下肢肌张力训练

基础训练

S 形绕障碍双脚跳：双脚并拢，按 S 形绕障碍向前跳跃。（5 米 / 组 ×3 组）

标准训练

敏捷梯倒双脚跳：背向敏捷梯，双脚并拢同时起跳、同时落地，倒着跳过敏捷梯，每次跳一个格子。（8 米 / 组 ×4 组）

进阶训练

前后单脚跳过体能圈：将体能圈摆成一列，根据指令单脚向前、向后跳，如：向后跳一下、向前跳两下。（8 米 / 组 ×4 组）

2. 手眼协调训练

基础训练

左右手交替拍球：站在原地，左右手交替拍球。（20 个 / 组 ×4 组）

标准训练

单手拍球走直线：一边单手拍球一边向前走直线。（8 米 / 组 ×4 组）

进阶训练

拍球翻纸杯：单手拍球向前走，并把沿路的纸杯翻转过来。（8 米 / 组 ×4 组）

3. 前庭觉训练

基础训练

连续前滚翻：前滚翻后迅速站起，连续做前滚翻的动作。（2 个 / 组 ×3 组）

标准训练

前滚翻接坐立：做完前滚翻的动作后，立马并拢双腿，上身挺直坐好。（3 个 / 组 ×4 组）

进阶训练

跳箱后翻下：平躺在跳箱上，手放在身体两侧，腿并拢向上踢，顺势向后翻下。（3 个 / 组 ×4 组）

第五节　下学期第一单元训练

训练一

训练点：1. 双侧分化　　2. 本体觉　　3. 上下肢肌张力

训练用时：基础训练、标准训练、进阶训练各在 10 分钟内完成。

1. 双侧分化训练

基础训练

挺腰仰爬：坐在地上，腰部向上挺起，五指张开，指尖朝前，掌心着地，抬头目视前方，手脚协调向前爬。（5 米 / 组 ×3 组）

标准训练

倒挺腰仰爬：以挺腰仰爬的方式倒着爬行。（8 米 / 组 ×4 组）

进阶训练

S 形绕桩挺腰仰爬：以挺腰仰爬的方式按 S 形绕桩爬行。注意不要碰到障碍。（8 米 / 组 ×4 组）

2. 本体觉训练

基础训练

敏捷梯开合跳：以开合跳的方式通过敏捷梯，每次向前跳一个格子。（5 米 / 组 ×3 组）

标准训练

敏捷梯倒开合跳：背向敏捷梯，以开合跳的方式倒着跳过敏捷梯，每次跳一个格子。（8 米 / 组 ×4 组）

进阶训练

听节拍开合跳：小朋友根据教练发出的节拍，做相应速度和数量的开合跳。（8 米 / 组 ×4 组）

3. 上下肢肌张力训练

基础训练

青蛙跳跳过体能圈：手撑地蹲在地上，跳的时候手脚同时起落，每次跳一个体能圈。（5 米 / 组 ×3 组）

标准训练

背手青蛙跳跳过体能圈：背手蹲下，向前跳，注意屁股要蹲下去，每次跳一个体能圈。（8 米 / 组 ×4 组）

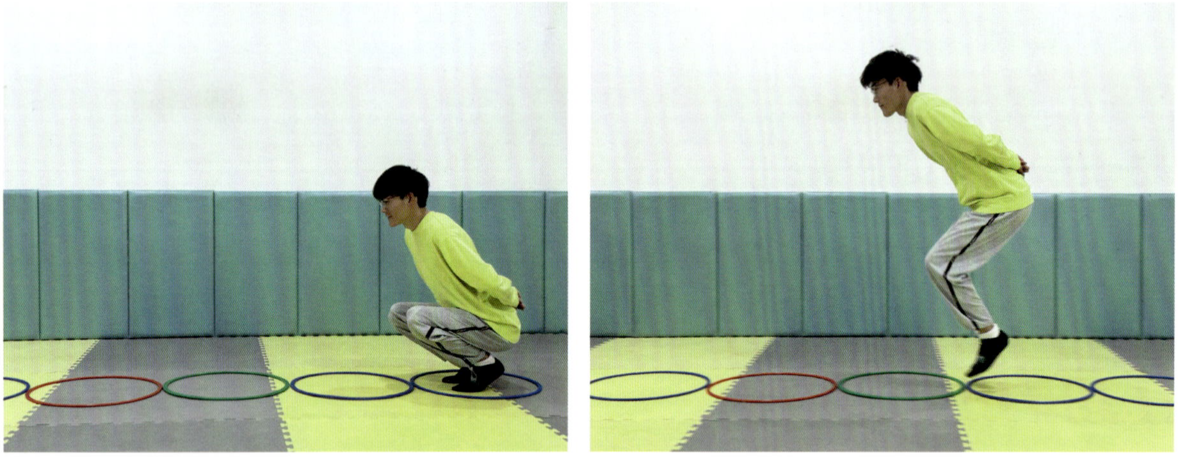

图 1-3-18 背手青蛙跳跳过体能圈

进阶训练

背手青蛙跳跳过障碍：背手蹲下，向前跳，每次要越过前面的障碍。（8 米 / 组 ×4 组）

训练二

训练点： 1. 手眼协调　2. 前庭觉　3. 本体觉

训练用时： 除个别说明外，基础训练、标准训练、进阶训练各在 10 分钟内完成。

1. 手眼协调训练

基础训练

左右手交替拍球：站在原地，左右手交替拍球。（20 个 / 组 ×4 组）

标准训练

单手拍球走直线：一边单手拍球一边向前走直线。（8 米 / 组 ×4 组）

进阶训练

拍球推轮胎走直线：一只手拍球，另一只手推轮胎向前走直线。（8 米 / 组 ×4 组，限时 15 分钟）

2. 前庭觉训练

基础训练

辅助跳箱后翻下：小朋友平躺在跳箱上，手放在身体两侧，腿并拢向上踢，在教练的辅助下向后翻下。（2 个 / 组 ×3 组）

标准训练

指压板侧滚翻：将指压板铺在垫子上，小朋友躺在指压板上，以侧滚翻的方式用力向一侧翻滚。（8 米 / 组 ×4 组）

进阶训练

抱膝侧滚翻：侧向平躺，弯腿将膝盖收到胸前，双手环抱住膝盖，向一侧翻滚。（8 米 / 组 ×4 组）

3. 本体觉训练

基础训练

脚跟贴脚尖向前走：双手侧平举，脚跟贴住脚尖沿直线走。（5 米 / 组 ×4 组）

标准训练

脚跟贴脚尖倒走：脚跟贴住脚尖沿直线倒着走。（8 米 / 组 ×4 组）

进阶训练

脚跟贴脚尖倒走运小球：双手食指夹住小球，脚跟贴住脚尖沿直线倒着走。（8 米 / 组 ×4 组）

训练三

训练点： 1. 上下肢肌张力　2. 双侧分化　3. 手眼协调

训练用时： 基础训练、标准训练、进阶训练各在 10 分钟内完成。

1. 上下肢肌张力训练

基础训练

猴蹲跳：手撑地蹲在地上，跳的时候手先动，然后双脚向前跳。（5 米 / 组 ×3 组）

标准训练

侧向猴蹲跳：以猴蹲跳的方式向侧前方跳。（8 米 / 组 ×4 组）

进阶训练

背手青蛙跳跳过障碍：背手蹲下，向前跳，每次要越过前面的障碍。（8 米 / 组 ×4 组）

2. 双侧分化训练

基础训练

手脚爬过障碍：将栏架均匀地放在跑道上，以手脚爬的方式越过栏架向前爬行。（5 米 / 组 ×3 组）

标准训练

倒手脚爬过障碍：以手脚爬的方式，倒着爬行并越过障碍。（8 米 / 组 ×4 组）

进阶训练

侧手脚爬翻纸杯：以手脚爬的方式向一侧爬行，把沿路的纸杯翻转过去。（8米/组 ×4组）

3. 手眼协调训练

基础训练

左右手交替拍球：站在原地，左右手交替拍球。（20个/组 ×4组）

标准训练

单手拍球走直线：一边单手拍球一边向前走直线。（8米/组 ×4组）

进阶训练

拍球翻纸杯：单手拍球向前走，并把沿路的纸杯翻转过来。（8米/组 ×4组）

训 练 四

训练点： 1. 本体觉　2. 前庭觉　3. 触觉

训练用时： 基础训练、标准训练、进阶训练各在10分钟内完成。

1. 本体觉训练

基础训练

脚跟贴脚尖向前走：双手侧平举，脚跟贴住脚尖沿直线向前走。（5米/组 ×3组）

标准训练

脚跟贴脚尖倒走：脚跟贴住脚尖沿直线倒着走。（8米/组 ×4组）

进阶训练

脚跟贴脚尖倒走运小球：双手食指夹住小球，脚跟贴住脚尖沿直线倒着走。（8 米 / 组 ×4 组）

2. 前庭觉训练

基础训练

辅助跳箱后翻下：小朋友平躺在跳箱上，手放在身体两侧，腿并拢向上踢，在教练的辅助下向后翻下。（3 个 / 组 ×3 组）

标准训练

指压板侧滚翻：将指压板铺在垫子上，小朋友躺在指压板上，以侧滚翻的方式用力向一侧翻滚。（8 米 / 组 ×4 组）

进阶训练

抱膝侧滚翻：侧向平躺，弯腿将膝盖收到胸前，双手环抱住膝盖，向一侧翻滚。（8 米 / 组 ×4 组）

3. 触觉训练

基础训练

走指压板：将指压板均匀地摆在跑道上，让小朋友光脚走过指压板。（5 米 / 组 ×3 组）

标准训练

双脚跳过指压板：将指压板均匀地摆在跑道上，让小朋友以双脚跳的方式光脚跳过指压板。（8 米 / 组 ×4 组）

进阶训练

手脚爬指压板：将指压板均匀地摆在跑道上，让小朋友以手脚爬的方式光脚爬过指压板。（8 米 / 组 ×4 组）

第六节 下学期第二单元训练

训练一

训练点：1. 双侧分化 2. 前庭觉 3. 上下肢肌张力

训练用时：基础训练、标准训练、进阶训练各在 10 分钟内完成。

1. 双侧分化训练

基础训练

膝夹体能圈虫形爬：将体能圈夹在双腿中间，以虫形爬的方式向前爬行。（5 米 / 组 ×3 组）

标准训练

膝夹体能圈倒虫形爬：以膝夹体能圈虫形爬的方式倒着爬行。（8 米 / 组 ×4 组）

进阶训练

膝夹体能圈侧向虫形爬：以膝夹体能圈虫形爬的方式向一侧爬行。（8 米 / 组 ×4 组）

2. 前庭觉训练

基础训练

连续前滚翻：前滚翻后迅速站起，连续做前滚翻的动作。（2 个 / 组 ×3 组）

标准训练

前滚翻接坐立：做完前滚翻的动作后，立马并拢双腿，上身挺直坐好。（3 个 / 组 ×4 组）

进阶训练

跳箱后翻下：平躺在跳箱上，手放在身体两侧，腿并拢向上踢，顺势向后翻下。（3 个 / 组 ×4 组）

3. 上下肢肌张力训练

基础训练

猴蹲跳：手撑地蹲在地上，跳的时候手先动，然后双脚向前跳。（5 米 / 组 ×3 组）

标准训练

侧向猴蹲跳：以猴蹲跳的方式向侧前方跳。（8 米 / 组 ×4 组）

进阶训练

背手青蛙跳跳过障碍：背手蹲下，向前跳，每次要越过前面的障碍。（8 米 / 组 ×4 组）

训 练 二

训练点： 1. 手眼协调　2. 本体觉　3. 上下肢肌张力

训练用时： 基础训练、标准训练、进阶训练各在 10 分钟内完成。

1. 手眼协调训练

基础训练

左右手交替拍球：站在原地，左右手交替拍球。（20 个 / 组 ×4 组）

标准训练

单手拍球走直线：一边单手拍球一边向前走直线。（8 米 / 组 ×4 组）

进阶训练

拍球推轮胎走直线：一只手拍球，另一只手推轮胎向前走直线。（8 米 / 组 ×4 组）

2. 本体觉训练

基础训练

敏捷梯开合跳：以开合跳的方式通过敏捷梯，每次向前跳一个格子。（5 米 / 组 ×3 组）

标准训练

敏捷梯倒开合跳：背向敏捷梯，以开合跳的方式倒着跳过敏捷梯，每次跳一个格子。（8 米 / 组 ×4 组）

进阶训练

听节拍开合跳：小朋友根据教练发出的节拍，做相应速度和数量的开合跳。（8 米 / 组 ×4 组）

3. 上下肢肌张力训练

基础训练

青蛙跳跳过体能圈：手撑地蹲在地上，跳的时候手脚同时起落，每次跳一个体能圈。（5 米 / 组 ×3 组）

标准训练

背手青蛙跳跳过体能圈：背手蹲下，向前跳，注意屁股要蹲下去，每次跳一个体能圈。（8 米 / 组 ×4 组）

进阶训练

背手青蛙跳跳过障碍：背手蹲下，向前跳，每次要越过前面的障碍。（8 米 / 组 ×4 组）

训练三

训练点： 1. 手眼协调　2. 双侧分化　3. 前庭觉

训练用时： 基础训练、标准训练、进阶训练各在 10 分钟内完成。

1. 手眼协调训练

基础训练

左右手交替拍球：站在原地，左右手交替拍球。（20 个 / 组 ×4 组）

标准训练

单手拍球走直线：一边单手拍球一边向前走直线。（8 米 / 组 ×4 组）

进阶训练

拍球翻纸杯：单手拍球向前走，并把沿路的纸杯翻转过来。（8 米 / 组 ×4 组）

2. 双侧分化训练

基础训练

匍匐爬：趴在垫子上，协调四肢向前爬行，注意爬行过程中肚子和脚需要一直贴在垫子上。（5 米 / 组 ×3 组）

标准训练

倒匍匐爬：以匍匐爬的方式倒着向后爬行。（8 米 / 组 ×4 组）

进阶训练

匍匐爬推体能圈：以匍匐爬的方式向前爬，爬的时候左右手交替推动体能圈。（8 米 / 组 ×4 组）

3. 前庭觉训练

基础训练

连续前滚翻：前滚翻后迅速站起，连续做前滚翻的动作。（2 个 / 组 ×3 组）

标准训练

前滚翻接坐立：做完前滚翻的动作后，立马并拢双腿，上身挺直坐好。（3 个 / 组 ×4 组）

进阶训练

跳箱后翻下：平躺在跳箱上，手放在身体两侧，腿并拢向上踢，顺势向后翻下。（3 个 / 组 ×4 组）

训练四

训练点： 1. 上下肢肌张力　　2. 手眼协调　　3. 前庭觉

训练用时： 基础训练、标准训练、进阶训练各在 10 分钟内完成。

1. 上下肢肌张力训练

基础训练

S 形绕障碍双脚跳：双脚并拢，按 S 形绕障碍向前跳跃。（5 米 / 组 ×3 组）

标准训练

敏捷梯倒双脚跳：背向敏捷梯，双脚并拢同时起跳、同时落地，倒着跳过敏捷梯，每次跳一个格子。（8 米 / 组 ×4 组）

进阶训练

前后单脚跳过体能圈：将体能圈摆成一列，根据指令单脚向前、向后跳，如：向后跳一下、向前跳两下。（8 米 / 组 ×4 组）

2. 手眼协调训练

基础训练

左右手交替拍球：站在原地，左右手交替拍球。（20 个 / 组 ×4 组）

标准训练

单手拍球走直线：一边单手拍球一边向前走直线。（8 米 / 组 ×4 组）

进阶训练

拍球翻纸杯：单手拍球向前走，并把沿路的纸杯翻转过来。（8 米 / 组 ×4 组）

3. 前庭觉训练

基础训练

连续前滚翻：前滚翻后迅速站起，连续做前滚翻的动作。（2 个 / 组 ×3 组）

标准训练

前滚翻接坐立：做完前滚翻的动作后，立马并拢双腿，上身挺直坐好。（3 个 / 组 ×4 组）

进阶训练

跳箱后翻下：平躺在跳箱上，手放在身体两侧，腿并拢向上踢，顺势向后翻下。（3 个 / 组 ×4 组）

第七节 下学期第三单元训练

训练一

训练点：1. 前庭觉　2. 双侧分化　3. 手眼协调

训练用时：基础训练、标准训练、进阶训练各在 10 分钟内完成。

1. 前庭觉训练

基础训练

轮胎内原地旋转：在轮胎内或者体能圈内原地旋转，不要出圈。（5 米 / 组 ×3 组）

标准训练

听指令旋转：在轮胎内或者体能圈内原地旋转，听到拍手声后换方向旋转。（8 米 / 组 ×4 组）

进阶训练

旋转跳：将体能圈摆成一列，从一个体能圈旋转跳到另一个体能圈，每次旋转半圈。（8 米 / 组 ×4 组）

2. 双侧分化训练

基础训练

虫形爬：坐在地上，双腿并拢伸直，五指张开，指尖朝前，用力撑地将屁股抬起，膝盖弯曲，手随身体向前移动，腿再伸直，重复此动作向前爬行。（5 米 / 组 ×3 组）

标准训练

膝夹体能圈虫形爬：将体能圈夹在双腿中间，以虫形爬的方式向前爬行。（8 米 / 组 ×4 组）

进阶训练

膝夹体能圈侧向虫形爬：以膝夹体能圈虫形爬的方式向一侧爬行。（8 米 / 组 ×4 组）

3. 手眼协调训练

基础训练

拍小球：小朋友站在原地，教练在距离小朋友 3 米处抛小球，小朋友将飞过来的小球用手拍飞。（3 个 / 组 ×3 组）

标准训练

接小球：小朋友站在原地，教练在距离小朋友 3 米处抛小球，小朋友接住小球。（5 个 / 组 ×4 组）

进阶训练

轮胎上接小球：小朋友站在轮胎上，教练在距离小朋友 3 米处抛小球，小朋友接住小球。（10 个 / 组 ×4 组）

训练二

训练点：1. 上下肢肌张力　2. 五指分化　3. 触觉

训练用时：基础训练、标准训练、进阶训练各在 10 分钟内完成。

1. 上下肢肌张力训练

基础训练

手脚撑地向前爬：双手撑地，双腿稍屈膝，抬头目视前方向前爬行。（5 米 / 组 ×3 组）

标准训练

手脚撑地向前爬过障碍：双手撑地，双腿稍屈膝，抬头目视前方向前爬行，翻越障碍。（8 米 / 组 ×4 组）

进阶训练

手脚撑地向后爬过障碍：双手撑地，双腿稍屈膝向后爬行，低头看障碍并翻越障碍。（8 米 / 组 ×4 组）

2. 五指分化训练

基础训练

手指夹球走：用双手手指夹球向前走，手掌不接触球，两臂分开。（5 米 / 组 ×3 组）

标准训练

食指夹球走：用双手食指夹球向前走，手掌不接触球，两臂分开。（8 米 / 组 ×4 组）

图 1-3-19 食指夹球走

进阶训练

食指夹球倒走：用双手食指夹球倒着走。（8 米 / 组 ×4 组）

3. 触觉训练

基础训练

手脚爬指压板：将指压板均匀地摆在跑道上，让小朋友以手脚爬的方式光脚爬过指压板。（5 米 / 组 ×3 组）

标准训练

手脚侧爬指压板：把手放在指压板上，以手脚爬的方式从指压板上侧向爬过。（8 米 / 组 ×4 组）

进阶训练

手脚倒爬指压板：以手脚爬的方式从指压板上倒着爬过。（8 米 / 组 ×4 组）

训练三

训练点： 1. 本体觉　2. 视听觉　3. 双侧分化

训练用时： 基础训练、标准训练、进阶训练各在 10 分钟内完成。

1. 本体觉训练

基础训练

侧向双脚跳：以双脚跳的方式侧着向旁边跳。（5 米 / 组 ×3 组））

标准训练

倒双脚跳：以双脚跳的方式倒着向后跳。（8 米 / 组 ×4 组）

进阶训练

倒双脚跳过障碍：以倒双脚跳的方式跳过障碍。（8 米 / 组 ×4 组）

2. 视听觉训练

基础训练

听拍手声向前跳：做好双脚跳的准备姿势，听到拍手声后连续向前跳，拍手声停就停下。（5 次 / 组 ×3 组）

标准训练

听拍手次数向前跳：做好双脚跳的准备姿势，仔细听拍手次数，听到几次就向前跳几下。（5 次 / 组 ×4 组）

进阶训练

听指令跳：做好双脚跳的准备姿势，听到拍手声后做一次双脚跳的动作，听到跺脚声后做一次开合跳的动作。（8 次 / 组 ×4 组）

3. 双侧分化训练

基础训练

蜘蛛爬：手脚撑地，腹部向上挺，屁股不要着地，向前爬行。（5 米 / 组 ×3 组）

标准训练

侧向蜘蛛爬：以蜘蛛爬的方式侧向爬行。（8 米 / 组 ×4 组）

进阶训练

倒蜘蛛爬：以蜘蛛爬的方式倒着爬行。（8 米 / 组 ×4 组）

训练四

训练点：1. 前庭觉　2. 触觉　3. 上下肢肌张力

训练用时：基础训练、标准训练、进阶训练各在 10 分钟内完成。

1. 前庭觉训练

基础训练

斜坡前滚翻：双脚分开与肩膀同宽，站在斜坡垫上，双手撑在垫子上，注意双手不要离脚太远，弯腰让脑袋尽量接近双腿，重心前移，完成翻滚。（2 个 / 组 ×3 组）

标准训练

前滚翻：双脚分开与肩膀同宽，站在垫子上，双手撑在垫子上，注意双手不要离脚太远，弯腰让脑袋尽量接近双腿，双脚用力蹬地向前翻滚。（3 个 / 组 ×4 组）

进阶训练

过障碍前滚翻：以前滚翻的方式越过障碍。（3 个 / 组 ×4 组）

2. 触觉训练

基础训练

走指压板：将指压板均匀地摆在跑道上，让小朋友光脚走过指压板。（5 米 / 组 ×3 组）

标准训练

指压板走直线：光脚在指压板上脚跟对脚尖走直线。（8 米 / 组 ×4 组）

进阶训练

指压板倒走直线：光脚在指压板上脚跟对脚尖倒着走直线。（8 米 / 组 ×4 组）

3. 上下肢肌张力训练

基础训练

双脚跳过体能圈：双脚并拢，屈膝，双脚起跳、双脚落地，向前跳进体能圈。（5 米 / 组 ×4 组）

标准训练

双脚跳过障碍：以双脚跳的方式向前跳过障碍。（8 米 / 组 ×4 组）

进阶训练

单脚跳过体能圈：抬起一只脚，单腿屈膝起跳，跳到下一个体能圈。（8 米 / 组 ×4 组）

第八节　下学期第四单元训练

训练一

训练点：1. 前庭觉　　2. 双侧分化　　3. 手眼协调

训练用时：基础训练、标准训练、进阶训练各在 10 分钟内完成。

1. 前庭觉训练

基础训练

侧滚翻：将垫子铺在地上，小朋友躺在垫子上，双手举过头顶并拢，双腿伸直并拢，用力向一侧翻滚。（5 米 / 组 ×3 组）

标准训练

膝夹体能圈侧滚翻：双腿夹住体能圈，以侧滚翻的方式向一侧翻滚。（8 米 / 组 ×4 组）

进阶训练

手膝夹体能圈侧滚翻：双手向上伸直并拢握住体能圈，手臂贴近耳朵，双腿伸直并夹住体能圈，以侧滚翻的方式向一侧翻滚。（8 米 / 组 ×4 组）

2. 双侧分化训练

基础训练

手膝爬直线：跪在地上，五指张开，指尖朝前，掌心着地，抬头目视前方，脚背贴地，四肢交替向前沿直线爬行。（5 米 / 组 ×3 组）

标准训练

手膝爬过障碍：以手膝爬的方式向前爬行并翻越障碍。（8 米 / 组 ×4 组）

进阶训练

侧向手膝爬过障碍：以手膝爬的方式侧向爬行并翻越障碍。（8 米 / 组 ×4 组）

3. 手眼协调训练

基础训练

投球：将小球投到 3 米外的轮胎内。（5 个 / 组 ×3 组）

标准训练

小桶上投球：站在小桶上，将小球投到 3 米外的轮胎内。（5 个 / 组 ×4 组）

进阶训练

小桶上接投球：站在小桶上接球，并将小球投到 3 米外的轮胎内。（5 个 / 组 ×3 组）

训练二

训练点： 1. 上下肢肌张力　2. 五指分化　3. 触觉

训练用时： 基础训练、标准训练、进阶训练各在 10 分钟内完成。

1. 上下肢肌张力训练

基础训练

手撑地：脚放在轮胎上，手撑地坚持 15 秒。（15 秒 / 组 ×4 组）

标准训练

手撑地旋转爬行：脚放在轮胎上，手撑地，以轮胎为圆心，旋转爬行。（8 米 / 组 ×4 组）

进阶训练

抓单杠：双手抓紧单杠坚持30秒。（30秒/组 ×4组）

2. 五指分化训练

基础训练

手指夹豆子爬：将两颗小豆子分别夹在食指和中指、中指和无名指之间向前爬行。（5米/组 ×3组）

标准训练

手指夹豆子侧爬：将两颗小豆子分别夹在食指和中指、中指和无名指之间向一侧爬行。（8米/组 ×4组）

进阶训练

手指夹豆子倒爬：将两颗小豆子分别夹在食指和中指、中指和无名指之间倒着爬行。（10米/组 ×4组）

3. 触觉训练

基础训练

双脚跳过指压板：将指压板均匀地摆在跑道上，让小朋友以双脚跳的方式光脚跳过指压板。（5米/组 ×3组）

标准训练

指压板上双脚跳过泡沫砖：在指压板上向前双脚跳过泡沫砖。（8米/组 ×4组）

进阶训练

双脚向后跳过指压板：在指压板上双脚向后跳。（10米/组 ×4组）

训练三

训练点： 1. 本体觉　　2. 视听觉　　3. 双侧分化

训练用时： 基础训练、标准训练、进阶训练各在 10 分钟内完成。

1. 本体觉训练

基础训练

倒爬直线：沿直线倒着爬行，不要回头看。（5 米 / 组 ×3 组）

标准训练

倒走直线：双手侧平举，脚跟贴住脚尖沿直线倒着走，不要回头看。（10 米 / 组 ×4 组）

进阶训练

顶体能圈倒走直线：双手侧平举，头顶体能圈，脚跟贴住脚尖沿直线倒着走。（10 米 / 组 ×4 组）

2. 视听觉训练

基础训练

红绿灯：小朋友们向前手脚爬，看到红色棍子停下，看到绿色棍子继续向前爬。（5 米 / 组 ×3 组）

标准训练

天亮了：听到“天亮了”就双脚跳去拿球，听到“天黑了”就迅速跑回去。（8 米 / 组 ×4 组）

进阶训练

听指令跳：听拍手次数，听到几次跳几下。（8 米 / 组 ×4 组）

3. 双侧分化训练

基础训练

侧手脚爬：以手脚爬的方式向一侧爬行。（5 米 / 组 ×3 组）

标准训练

侧手脚爬翻帽子：以手脚爬的方式侧向爬行，碰到帽子就把它翻过来。（8 米 / 组 ×4 组）

进阶训练

倒手脚爬翻帽子：以手脚爬的方式倒着爬行，碰到帽子就把它翻过来。（8 米 / 组 ×4 组）

训练四

训练点： 1. 前庭觉　2. 触觉　3. 上下肢肌张力

训练用时： 基础训练、标准训练、进阶训练各在 10 分钟内完成。

1. 前庭觉训练

基础训练

辅助后滚翻：小朋友平躺在垫子上，在教练的辅助下完成后滚翻。（2 个 / 组 ×3 组）

标准训练

后滚翻站立：小朋友平躺在垫子上，在教练的辅助下完成后滚翻后迅速双脚站立。（3 个 / 组 ×4 组）

进阶训练

后滚翻：小朋友躺在数字组合垫上，垫子的厚度需要超过小朋友腰部的高度，小朋友双手抱住教练的一只胳膊，双腿并紧，双脚抬过头顶，教练托一下小朋友的腰，小朋友顺势翻下。（3 个 / 组 ×4 组）

2. 触觉训练

基础训练

匍匐爬：趴在垫子上，协调四肢向前爬行，注意爬行过程中肚子和脚需要一直贴在垫子上。（5 米 / 组 ×3 组）

标准训练

匍匐爬过障碍：以匍匐爬的方式从障碍下爬过。（8 米 / 组 ×4 组）

进阶训练

倒匍匐爬：以匍匐爬的方式倒着向后爬行。（8 米 / 组 ×4 组）

3. 上下肢肌张力训练

基础训练

双脚跳躲避小棍：以双脚跳的方式躲避从斜坡上滚下来的小棍子。（10 个 / 组 ×3 组）

标准训练

单脚跳躲避小棍：以单脚跳的方式躲避从斜坡上滚下来的小棍子。（20 个 / 组 ×4 组）

图 1-3-20 单脚跳躲避小棍

进阶训练

双脚跳躲避小棍并记数字：以双脚跳的方式躲避从斜坡上滚下来的小棍子，同时复述教练说的数字。（20个/组 ×4组）

第二部分 体能篇

第一章　对幼儿体能的认识

第一节　对基本动作模式的认识

1. 基本动作模式的概念

基本动作模式是人类为了适应生长需求及外界环境而逐渐形成的动作形式，同时是符合人体结构的最佳动作模式。

2. 基本动作模式的功能

通过基本动作模式，幼儿可以更好地理解和感知空间，包括物体的位置、距离和方向等。基本动作模式可以帮助幼儿发展各种运动技能，例如抓握、释放、行走、跑步、跳跃等；帮助幼儿协调身体各个部位的动作，从而提高其身体协调能力；帮助幼儿发展认知能力，例如记忆力、注意力、推理和解决问题的能力等；帮助幼儿与他人互动，例如分享、合作、竞争和沟通等；帮助幼儿逐渐掌握各种技能，从而提高其自信心和自尊心。

这些技能的发展是相互关联的，基本动作模式在其中起着重要的作用。通过训练和发展基本动作模式，幼儿可以获得更全面的发展，提高自身的综合素质。

3. 动作分类

基本动作模式主要包括蹲起、俯身、爬行、滚翻、体转、推撑、拉等。

第二节 对幼儿体操的认识

1. 幼儿体操的概念

幼儿体操指练习者在地面上、持轻器械或在器械上，完成依据人体生理、解剖特征及人体运动生物力学原理设计的各种不同难度的动作，将各种有利于身体发展的能力调动起来，在空间上展示身体技艺，表现力量、健康、美丽、智慧的一种运动形式。

2. 幼儿体操的功能

根据幼儿自身的实际情况及需要，选择针对性动作训练，能够增加其肌肉力量、改善生理机能，促进其身体素质均衡发展。通过不断挑战高难度动作，能够培养其果断、勇敢、自信等品质。在幼儿遇到危险时，能够帮助其利用自身技巧采取紧急措施，提升自我保护意识。

第三节 对位移性技能的认识

1. 位移性技能的概念

位移指练习者在运动过程中产生的位置变化，位移运动包含走、跑、跳、爬、滑步等多种运动形式，训练时可单种或多种运动形式组合，通常利用时间、距离、高度等设计训练内容。位移性技能与人体发育过程及日常生活息息相关。

2. 位移性技能的功能

往往采用竞技原则设计位移性技能的训练，在训练过程中通过对抗、比赛的形式，可以培养幼儿的竞争意识和勇敢顽强、自信、坚持不懈的优良品质。位移运动是人体最基本的运动模式，通过不断训练，能够促进机体新陈代谢，改善内脏器官的机能，增强肌肉力量、速度、柔韧性和灵敏性。

第四节　对操作性技能的认识

1. 操作性技能的概念

操作性技能指借用外部器械，如篮球、足球、排球、棍棒等，利用四肢、头部、躯干的单个或多个部位操作器械的动作技能。例如：拍球、踢球、垫球、挥拍等。

2. 操作性技能的功能

操作性技能可以让幼儿熟悉各种运动器械的使用方法。器械是身体的延伸，幼儿在控制自身的同时对器械进行一定的操作，能够锻炼其手脑协调能力。

操作性技能训练的娱乐性较强，能够充分地寓教于乐。该技能往往需要多人合作，有利于增加人与人之间的接触和交往，使幼儿能够尽快地适应环境变化，增进相互了解，增强团队意识和团队凝聚力。

第五节　对平衡稳定的认识

1. 平衡稳定的概念

平衡稳定能力指人体在运动或静止状态下维持良好身体姿势的能力，是大脑神经精确调控身体姿态、前庭功能及肌肉平衡的综合体现。

2. 平衡稳定的功能

平衡稳定能力是发展速度、反应能力及灵敏素质的基础，较好的平衡稳定能力有助于幼儿发展其他素质、掌握基本动作模式。

第六节　对柔韧素质的认识

1. 柔韧素质的概念

柔韧素质通常指身体各个关节的活动幅度、肌肉延展性以及韧带弹性。发展幼儿的柔韧素质主要通过静态拉伸与动态拉伸两种训练方法。

2. 柔韧的功能

（1）缓解肌肉紧张，提高肌肉松弛度；

（2）使运动更轻松；

（3）改善身体协调性；

（4）增加活动度；

（5）降低受伤风险；

（6）增强身体的灵活性，改善体态；

（7）改善身体血液循环和呼吸系统的功能；

（8）更顺畅、轻松地收缩肌肉；

（9）减轻肌肉疼痛；

（10）预防后背疼痛和其他脊柱问题；

（11）改善自我形象；

（12）培养、维持、提升运动技能。

第二章　幼儿体能的分类

第一节　基本动作模式的分类

1. 蹲起

下肢通过弯曲、伸直膝关节和髋关节，使重心由上到下，再由下到上的动作模式。

作用：改善下肢动作模式及功能，强化下肢肌群的力量。

例：徒手深蹲、弓箭步蹲、单腿下蹲。

2. 俯身

俯身的动作不是指弯腰，而是利用髋关节铰链，以臀部及腿后侧为支撑，来构建一个稳定的支撑平台。

作用：改善髋关节的动作模式及功能，强化后侧链力量。

例：硬拉、单侧硬拉。

3. 体转

躯干围绕矢状轴或垂直轴转动的动作。

作用：改善躯干旋转动作模式及功能，强化躯干周围肌群力量。

例：站姿躯干旋转、侧卧躯干旋转。

4. 滚翻

身体在空中或地面上进行旋转、滚动或翻转的动作。

作用：发展幼儿旋转动作，增强其身体协调性及颈部、腹部、腰部等的肌肉力量。练习时注意保持躯干肌肉适度的紧张。

例：侧滚翻。

5. 爬行

爬行指身体在多点（超过两点）支撑情况下的行进方式。

作用：稳固幼儿爬行能力，提高幼儿上下肢力量，提高身体核心稳定性及力量传导能力，改善协调发力模式。

例：腹爬、手脚爬。

6. 推撑、拉

“推撑”指肢体在三个平面（矢状面、冠状面、水平面）内完成“推”或“撑”的动作，使身体远端远离近端。“拉”指肢体在三个平面（矢状面、冠状面、水平面）内完成“拉”的动作，使身体远端靠近近端。

作用：改善上肢推拉动作模式及功能，强化上肢肌群的力量。

例：高姿俯卧撑、俯卧撑、低姿俯卧撑、负重上举、水平拉、负重提拉、垂直拉。

第二节　幼儿体操的分类

1. 技巧

利用人体局部环节组成的生物运动链，完成滚翻、手翻、空翻等动作。

作用：锻炼幼儿的神经系统、前庭器官、肌肉骨骼，对身体运动的灵活性、协调性及美感都有相当程度的提高。

例：

（1）前滚翻：前滚翻呈坐姿、前滚翻站立、鱼跃前滚翻；

（2）后滚翻：月亮船、后滚翻；

（3）倒立：肩肘倒立、爬倒立、靠墙手倒立。

2. 单双杠

单杠指人在单杠的横杠上做各种悬垂或短暂支撑的动作。单杠练习主要靠肩部、双臂、腰背和髋关节的协调配合来完成各种形式的动作。

双杠指人在一杠或二杠的正面、侧面及两端以两杠支撑动作为基础做支撑和悬垂，并做各种变换动作。

作用：发展上肢、肩关节、核心肌群的力量和柔韧性；提高身体的协调性以及前庭器官的机能；培养幼儿坚持不懈、顽强拼搏的品质。

例：单杠悬垂、单杠摆浪、双杠支撑。

3. 跳跃动作

通过助跑、起跳、腾越、落地完成跳跃动作，包含利用器械做双手推撑、腾越器械完成跳跃动作，使用的器械有跳马、跳箱等。跳跃动作有简有繁，易于选择。

作用：跳跃动作可以锻炼幼儿的跑跳衔接能力，提高爆发力、协调发力能力以及改善基本缓冲动作模式，同时有助于发展前庭器官、本体觉的功能。幼儿通过不断练习及加大动作难度，可以克服恐惧，增加自信心。

例：挺身跳、团身跳、跳山羊。

第三节　位移性技能的分类

1. 正向移动

正向移动主要指在矢状面上的位移，通过双脚、双手或手脚交互向前或向后移动。通过指导幼儿掌握正确的动作技术，提高其位移速度，增强其肌肉力量等身体素质。

作用：正向移动是所有位移性技能的基础，也是日常生活中必不可少的动作技能。通过此项练习，可以增加上下肢力量，加强身体协调能力。同时，此项技能可穿插进其他练习当中。

练习方法：

（1）跑：跑是单脚支撑与双脚腾空相交替、蹬脚与摆臂相配合、动作协调连贯的周期性运动，是人体完成位移的主要方式之一，也是人运动的自然动作。

跑时一个复步的动作周期由两个单步组成，每个单步又由支撑时期和腾空时期构成。就单腿而言，在一个周期中经历了支撑和摆动两个时期，这两个时期又被离地、着地、最大缓冲三个瞬间分为折叠前摆、下压准备着地、着地缓冲和后蹬 4 个阶段。当双腿同处于摆动时期时，人体处于腾空状态。

跑的专门练习：小步跑、高抬腿跑、后踢腿跑、跨步跳、后蹬跑、车轮跑。

（2）爬行：指身体在多点（超过两点）支撑情况下的行进方式。

作用：爬行可以很好地锻炼幼儿脊柱周围肌群力量、躯干稳定性和力量传导能力，也是锻炼躯干与四肢协调性的重要训练方法，有助于预防和治疗脊柱侧弯等疾病，并能提升幼儿爬行的基本动作技能。

例：手膝爬、反向手脚爬、推小车。

2. 侧向移动

侧向移动指沿着冠状面，采用并步、滑步、交叉步等各种形式的移动练习。

作用：增强幼儿下肢力量、提升移动速度，熟练掌握各项侧向移动技巧。

例：并步、滑步、交叉步。

3. 跳跃

跳跃指根据不同项目的特点和要求，运用人自身的能力或借助特定的器材，通过一定的运动形式，使人体腾跃得尽可能高或尽可能远。

作用：跳跃可以锻炼幼儿的跑跳衔接能力，提高爆发力、协调发力能力，改善基本缓冲动作模式。跳跃练习追求的是更高、更远，幼儿在不断挑战自身极限的过程中，不仅可以提高神经募集能力，还可以建立自信、增强恒心。

例：原地蹲跳、立定跳远、双脚连续跳、单腿跳、纵跳摸高。

4. 灵敏

灵敏素质指人在随机或规定范围内，做出协调、快速、准确的跑动、翻滚、触摸等运动的能力，是人在运动过程中的综合表现，对大脑神经的要求较高。

作用：灵敏训练集神经反应、快速移动、制动减速以及动作准确性训练于一体。良好的灵敏性可以让幼儿在日常生活中更加游刃有余，同时能够帮助幼儿更好、更快地掌握各项运动的技术和训练方法；3 ～ 6 岁是幼儿大脑快速发育阶段，在这期间发展神经调动较为集中的训练项目，有利于幼儿中枢神经的发育。

例：绳梯正向进进出出、绳梯正向开合跳、双脚六边形跳。

第四节　操作性技能的分类

1. 投掷

投掷指用手向某一方向抛或扔，主要包括单手投掷和双手投掷，单手投掷分为投、掷、推等，双手投掷分为抛、推。

作用：投掷一般为传递发力，通过练习可以发展幼儿多关节协调发力能力、上下肢力量及爆发力，促进其神经系统发育。

例：单手头上掷球、双手头上掷球、双手推球。

2. 三大球类

三大球类指足球、篮球和排球三种集体球类运动。

作用：球类运动相对其他运动较为综合，通过不断训练，不仅可以发展幼儿的力量、速度、灵敏、协调等身体素质，还可以提高其学习能力、手眼配合能力以及中枢神经系统的控制力；更能培养幼儿团队协作精神、树立集体荣誉感。

例：双手拍球、双人抛球接球、单手拍球、双手交替拍球、脚背正面踢球、正面双手垫球。

第五节　平衡稳定的分类

1. 改变支撑面

例：单腿站立、双脚前掌站立、单脚站波速球。

2. 改变视觉环境

例：闭眼单腿站立、闭眼双脚站立。

3. 改变身体位置

例：单脚站立胸前抛接球、燕式平衡、双脚跳波速球、走平衡木、摸石头过河。

第六节　柔韧素质的分类

1. 动态拉伸

动态拉伸指有节奏地、停顿时间较短地多次重复同一动作的练习方法，主要在活动课前进行。

作用：增加关节活动范围，提高肌肉延展性，促进血液循环，降低受伤风险。

例：跟尖行走、抱膝走、毛毛虫拉伸、弓箭步转体、肩绕环。

2. 静态拉伸

静态拉伸指配合呼吸，通过缓慢的动作将肌肉、韧带等软组织拉长到一定程度并保持静止状态，主要在活动课结束前进行。

作用：增加肌肉延展性，改善关节活动度，缓解疲劳等。

例：坐位体前屈、横叉、竖叉。

第三章　幼儿体能的训练方法

第一节　基本动作模式的训练方法

1. 蹲起

标准训练

（1）徒手深蹲：首先，站立时双脚与肩同宽，脚尖向前，双手放在胸前或身体两侧。在下蹲时，首先要注意膝盖和脚的位置，膝盖应与脚尖保持一致的方向；膝关节要慢慢弯曲，直到大腿与地面平行，同时臀部也要向后伸展。在完成下蹲后，需要缓慢上升。需要注意的是，上升时应该用大腿的力量来推动身体，不要抬起脚跟，否则会失去深蹲的作用。同时，还需要保持躯干的稳定，避免摇晃。

图 2-3-1 徒手深蹲

呼吸方式：一般建议在下蹲的时候吸气，这样可以更好地保护脊椎，也能够减少肺部压力，有利于保护呼吸系统；上升时也需要注意呼吸，一般建议在上升时呼气，这样可以更好地保护心脏和肺部，也能够减少压力和耗能。

（2）弓箭步蹲：双手叉腰，双脚前后分开，一只在前，一只在后。后背保持挺直，身体下降时双腿同时弯曲，直到后腿的膝盖几乎触碰地面，尽量做到双腿的膝关节均呈 90°，前腿的膝盖不要超过脚尖。双脚交替完成每组动作。

图 2-3-2 弓箭步蹲

进阶训练

单腿下蹲：双脚分开与臀部同宽，脚尖向前，右腿绷直抬起，脚尖向上。也可以单纯地抬起右脚，或者微微将右脚往前伸。慢慢将身体的重量转移至左脚，左腿下蹲。下蹲时将重量完全放在左腿，双手保持前平举。双腿轮流下蹲，注意每组数量一致。

图 2-3-3 单腿下蹲

2. 俯身

标准训练

硬拉：呈站立姿，双手持一个重物，双脚与肩同宽（或略宽），同时屈膝、屈髋（臀部往后坐），脊椎不要弯曲，自然向前俯身（45° 左右）。利用腿后侧、臀部、背部的肌肉发力来支撑身体，然后伸膝、伸髋，将重物拉起。注意收紧核心肌群以稳定脊椎。

图 2-3-4 硬拉

进阶训练

单侧硬拉：呈单腿站立姿，双手或单手持一个重物，一条腿伸直向后抬起，同时支撑腿微屈膝、屈髋，利用支撑腿后侧和臀部、背部发力将重物拉起。

图 2-3-5 单侧硬拉

3. 体转

标准训练

站姿躯干旋转：以向左转体为例，双脚分开与肩同宽，双臂向前水平抬起，然后双手重叠，双臂带动腰部向左转体，同时右脚后脚跟离地，脚尖着地配合身体转动，感觉到腰部有拉伸感即止，收回。注意转体的时候双臂伸直不要弯曲。

图 2-3-6 站姿躯干旋转

4. 滚翻

标准训练

侧滚翻：平躺在垫子上，双腿伸直并拢，双臂伸直紧靠躯干；通过躯干旋转肌群发力向一侧翻滚，直至仰卧在垫子之上。

图 2-3-7 侧滚翻

5. 爬行

标准训练

（1）腹爬：腹部紧贴地面，右腿向外侧提膝，右脚大拇指蹬地，左臂撑地向前拉动身体；随后左腿提膝，左脚蹬地，右臂撑地向前拉动身体。

图 2-3-8 腹爬

（2）手脚爬：手脚支撑地面呈俯卧姿，脚尖蹬地，小腿与地面保持平行，膝盖不接触地面，双手在双肩投影之下，双膝在髋关节投影之下，平视地面；左手与右脚向前移动 10 ～ 20 厘米后，右手与左脚向前移动 20 ～ 30 厘米，之后手脚分别以 20 ～ 30 厘米的幅度交替向前爬行。

图 2-3-9 手脚爬

6. 推撑

基础训练

高姿俯卧撑：手撑位置高于踝关节做俯卧撑，具体角度根据幼儿能力水平确定，水平越低手撑角度越高。

图 2-3-10 高姿俯卧撑

标准训练

俯卧撑：手脚支撑地面呈俯卧姿，双手五指张开向前，双臂伸直、与肩同宽或略宽，躯干挺直，双腿伸直，保持肩、髋、膝、踝在一条直线上，然后屈臂使身体平直下降至肩平于肘或低于肘的位置，再将身体垂直推离地面。

图 2-3-11 俯卧撑

进阶训练

（1）低姿俯卧撑：手撑位置低于踝关节做俯卧撑。

图 2-3-12 低姿俯卧撑

（2）负重上举：呈坐姿或站姿，双臂屈曲向两侧打开，肘低于肩或平行于肩，手持重物向上举至手臂完全伸直，然后屈臂缓慢还原至起始动作。

图 2-3-13 负重上举

7. 拉

标准训练

（1）水平拉：呈坐姿或站姿，双臂前平举，手持弹力带一端，手臂屈曲将弹力带一端拉至靠近身体，然后手臂缓慢还原至起始动作。注意手臂始终与地面保持平行。

图 2-3-14 水平拉

（2）负重提拉：呈下蹲姿，双脚分开与肩同宽或略宽，注意双脚平行，双手持一个重物，伸膝伸、髋的同时将重物提拉至胸前，然后缓慢还原至起始动作。

图 2-3-15 负重提拉

进阶训练

垂直拉：呈坐姿或站姿，双臂向上伸直，握住单杠或类似单杠的固定物体，将身体垂直拉离地面，然后缓慢还原至起始动作。教练可提供辅助。

图 2-3-16 垂直拉

第二节 幼儿体操的训练方法

1. 技巧

(1) 前滚翻

基础训练

前滚翻呈坐姿：以蹲撑为预备姿势，双手放置于双脚前，重心前移，提臀，双脚蹬地，同时屈臂，低头含胸向前滚翻，肩、背、腰依次着地，背、腰着地时腿伸直，随即上半身迅速直起呈坐姿。

图 2-3-17 前滚翻呈坐姿

标准训练

前滚翻站立：以蹲撑为预备姿势，双手放置于双脚前，重心前移，提臀，双脚蹬地，同时屈臂，低头含胸向前滚翻，肩、背、腰依次着地，背、腰着地时屈膝团身，双手迅速抱腿，直起上半身呈站姿。

图 2-3-18 前滚翻站立

保护帮助：两人一组，一人练习，一人帮助。帮助者跪于练习者侧前方，当练习者头部将要着地时，一手托其颈部；当滚翻至臀部着地时，另一手顺势推练习者的背，帮助其站起。

注意事项：练习前充分活动颈、肩、腰部，防止受伤，注意提醒练习者全程睁开眼睛。

进阶训练

鱼跃前滚翻：以站立为预备姿势，屈膝半蹲的同时双臂后摆，重心逐渐向前移动；双臂前摆，同时双脚用力蹬地向前上方跃起，身体在半空中呈拱形，随后双手撑地，顺势屈臂缓冲、低头含胸向前滚翻，完成前滚翻后迅速站立。

图 2-3-19 鱼跃前滚翻

保护帮助：帮助者站于练习者侧前方，当练习者腾空时，一手托其腹部，一手托其腿，帮助其缓冲落地和向前滚翻。

（2）后滚翻

基础训练

月亮船：双手抱住膝盖下方，脚跟贴紧臀部，团身向后躺，臀部、腰部、背部依次着地，核心发力连续滚翻，最后站起。

图 2-3-20 月亮船

保护帮助：帮助者跪于练习者侧方，滚翻过程中注意保护练习者的颈部。

注意事项：滚翻过程中练习者须抱紧双腿。

标准训练

后滚翻：以蹲撑为预备姿势，身体重心略微前移，随即重心后移、低头含胸、团身向后躺，屈臂夹肘，双手放在肩上。后滚至肩、头着地时，臀部向后上方提，顺势推地，经蹲撑呈站姿。

图 2-3-21 后滚翻

保护帮助：帮助者跪于练习者后侧方，当练习者滚至肩、头着地时，双手扶其髋部两侧并向上提拉，帮助其翻转和推地。

注意事项：练习前充分活动颈肩，防止受伤；注意推地位置和时机，全程不可闭眼。

（3）倒立

基础训练

① 肩肘倒立：以直腿坐姿为预备姿势，接着向后倒肩，收腹、举腿、翻臀，两臂在体侧用力压撑地面，当膝部至头上方时向上伸髋。倒立至身体和地面呈直角时，髋关节充分伸展，脚尖尽量向上顶，收紧核心，两掌心向内，虎口向上，撑于髂骨上方，呈肘、肩、颈支撑的倒立姿势。

图 2-3-22 肩肘倒立

保护帮助：帮助者站于练习者侧方，提拉其小腿下侧，必要时用膝盖顶住练习者髋部，帮助其伸髋。

注意事项：要做到此动作，除掌握正确动作外，还应具有良好的柔韧性和较强的核心力量。

② 爬倒立：教练选一面坚固的墙体，幼儿距墙面的距离小于自身身高，以俯撑为预备姿势，先后将两只脚放置于墙面，对侧手脚依次向后、向上爬行，直至身体接近垂直于地面。

图 2-3-23 爬倒立

保护帮助：帮助者站于练习者侧方，当练习者手撑地向上爬时，帮助者双手扶其髋部，助其完成倒立；当练习者手臂支撑不住时迅速将其抱住，避免其头部受伤。

注意事项：练习者手臂始终伸直，向后爬行时，应小幅度进行，眼睛始终看地面。

标准训练

靠墙手倒立：教练选一面坚固的墙体，幼儿以站立为预备姿势，面向墙体，向前跨一步，同时双臂前举，上体前倾，双手前伸在身体前撑地，接着前脚蹬地，后腿向上抬起，双脚脚跟贴住墙面呈倒立姿势，双脚并拢，身体伸直。

图 2-3-24 靠墙手倒立

保护帮助：帮助者站于练习者侧方，一手扶其肩，一手托其腿，助其向上摆动至贴近墙面。

注意事项：练习者手臂在支撑过程中始终伸直，脚尖尽量向上点，身体呈一条直线。

2. 单杠

标准训练

单杠悬垂：以站立为预备姿势，双手握于单杠上，握距比肩稍宽，身体呈自然下垂状态。

图 2-3-25 单杠悬垂

保护帮助：帮助者站于练习者侧方，双手放在其髋部两侧，避免其下落过程中崴脚。

注意事项：练习者采用闭握方式，落地时注意缓冲。

进阶训练

单杠摆浪：以站立为预备姿势，跳起并迅速抓住单杠，首先向前顶髋，手脚置于重心后侧，随后迅速向前摆腿，髋部向后，形成摆动惯性，再依次进行髋部向前、向后摆动。

图 2-3-26 单杠摆浪

保护帮助：帮助者站于练习者侧方，双手放在其髋部两侧，防止其脱手。

注意事项：练习者采用闭握方式，掌握好重心以及摆动的节奏，注意等停止摆动后再落地。

3. 双杠

标准训练

双杠支撑：教练将双杠的高度调至略比幼儿的髋部高，宽度略比幼儿的肩宽。幼儿以站立为预备姿势，双手分别闭握双杠，双脚跳起，双臂用力支撑，至双杠支撑姿势，身体呈一条直线。

图 2-3-27 双杠支撑

保护帮助：帮助者站于练习者侧方，一手握住其上臂，一手托住其肩部，避免其前倾或后倒。

注意事项：双杠支撑过程中，肩膀下沉回收，保持稳定；下落过程中，手臂迅速向上抬起，屈膝屈髋缓冲。

4. 跳跃动作

基础训练

（1）挺身跳：练习者首先确定好步点，然后有节奏地向前助跑，双脚落至起跳点或踏板后，立即起跳，空中微挺胸、立腰、抬头，尽量保持挺身姿势，缓冲落地。

图 2-3-28 挺身跳

保护帮助：帮助者站在起跳点或踏板前，在练习者起跳时，帮助者一手在前，另一手在后挡扶，防止练习者向前或向后跌倒。

注意事项：起跳是跳跃动作的关键技术，初学者必须加强练习，打下较好的基础。助跑时应逐步加速，上板踏跳要求（最后一步）大、（速度）快、（重心）低、（踏跳）狠；在腾空阶段，身体要充分伸展。

（2）团身跳：练习者首先确定好步点，然后有节奏地向前助跑，双脚落至起跳点或踏板后，身体伸直向上跳起，接近最高点时用力屈腿提膝，双手抱膝团身，随即迅速展体缓冲落地。

图 2-3-29 团身跳

保护帮助：帮助者站在起跳点或踏板前，在练习者起跳时，帮助者一手在前，另一手在后挡扶，防止练习者向前或向后跌倒。

注意事项：起跳是跳跃动作的关键技术。初学者必须加强练习，打下较好的基础。助跑时应逐步加速，上板踏跳要求（最后一步）大、（速度）快、（重心）低、（踏跳）狠；强调在空中收腹的时机。

标准训练

跳山羊：双人配合，一人做练习者，一人做“山羊”。练习者有节奏地助跑，积极踏跳，充分蹬直踝、膝；同时含胸摆臂，上体呈前倾姿势，向前上方跃起。双臂前伸撑在“山羊”后背上，做双腿不后摆的分腿腾跃或稍有后摆的分腿腾跃，在空中收紧核心，躯干下探，双臂向前下方顶肩推手。推手的同时双腿侧分，上体快速上抬，屈膝、屈髋落地。

图 2-3-30 跳山羊

保护帮助：①练习者做不后摆的分腿腾跃时，帮助者在“山羊”前双腿前后分开站立。帮助者双手握练习者上臂，顶肩上提，同时顺势后退；②练习者做稍有后摆的分腿腾跃时，帮助者站于落点侧方，必要时扶练习者腹背，防止练习者跌倒。

注意事项：①起跳是跳跃动作的关键技术。初学者必须加强练习，打下较好的基础。助跑时应逐步加速，踏跳要求（最后一步）大、（速度）快、（重心）低、（踏板）狠；②推手是动作难点。初学者技术和能力较差，速度越快，后摆越高，越不利于推手。练习推手应从近距离（板距和助跑）、慢速度、低后摆开始。

第三节 位移性技能的训练方法

1. 正向移动

（1）跑

跑的专门练习：将跑步拆分为 6 种练习，分别从摆动、扒地、后蹬、缓冲多方面提升幼儿的跑步技术，提高其力量、协调性、速度，且避免受伤。

标准训练

① 小步跑：以膝关节为中心，交替放松用力，踝关节灵活发力，带动脚蹬扒地面，步长以一脚为宜，逐渐加快速度。该动作主要用于提高踝关节的灵活性，双腿快速屈、伸的能力，以及身体协调能力，在技术上要体现出积极着地的要求。

图 2-3-31 小步跑

② 高抬腿跑：膝关节抬至腰部，然后大腿迅速下压；膝关节要快速伸展，使小腿做出放松、鞭打的动作。上体稍前倾，以腰为中心，摆臂幅度小而迅速。该动作主要训练摆、抬腿时屈髋肌群的力量，提高身体的协调能力和踝关节的支撑能力。

图 2-3-32 高抬腿跑

③ 后踢腿跑：在跑步过程中，上体正直或稍前倾，双臂自然摆动，以髋为轴，腿部做交替后踢动作。一腿蹬地，另一腿膝关节弯曲向后上方抬起，尽量使脚跟接触到臀部，然后放松小腿，让小腿自然下落；在下落的同时，另一条腿重复刚才的后踢动作，如此交替进行。整个动作过程要保持节奏感，步幅适中，动作协调连贯。该动作主要训练腿的弯折能力和动作的协调性。

图 2-3-33 后踢腿跑

④ 跨步跳：在空中分腿，腾空要高，摆动腿充分前摆，向前送髋，支撑腿髋关节充分伸展，脚蹬地腾空，膝关节随着摆动腿下落而弯曲。支撑腿的蹬伸、展髋动作幅度要大，这是保证连续、快速完成分腿跨步腾跃的条件。该动作主要训练腿部的弹跳能力、伸髋的力量及全身的协调能力。

图 2-3-34 跨步跳

⑤ 后蹬跑：身体微微前倾，头部正直，两眼平视前方。双臂自然摆动，摆动时肩部放松，前摆稍向内，后摆稍向外。腿部动作是关键，支撑腿在蹬地时，要快速有力地伸展髋、膝、踝三个关节，尤其是膝关节要充分伸直，通过脚跟用力蹬地，将身体向前上方推进。蹬地腿的脚趾最后离地，完成蹬地动作后，腿部应积极地向前摆动。同时，摆动腿折叠小腿，大腿积极下压，以脚前掌着地，着地位置在身体重心投影点稍前方，着地时要轻柔且有弹性，接着发力后蹬，如此交替进行。该动作主要训练踝、膝关节的快速屈、伸能力。

图 2-3-35 后蹬跑

⑥ 车轮跑：身体挺直或稍后仰，髋关节周围肌群发力，摆动腿膝关节抬高，尽量接近胸口，大小腿充分折叠，膝关节放松，大腿积极用力前伸，小腿伸出，积极下压做鞭打动作。该动作主要训练髋关节的灵活性、小腿的鞭打下扒能力和踝关节的支撑能力。

图 2-3-36 车轮跑

（2）爬行

标准训练

① 手膝爬：手膝撑地呈俯卧姿，膝盖着地，小腿紧贴地面，双手在双肩投影之下，双膝在髋关节投影之下，平视地面；左手与右脚向前移动 10 ～ 20 厘米后，右手与左脚向前移动 20 ～ 30 厘米，之后手脚分别以 20 ～ 30 厘米的幅度交替向前爬行。

图 2-3-37 手膝爬

作用：稳固幼儿爬行能力，提高其核心稳定性及力量传导能力。

② 反向手脚爬：背部朝下，双手双脚着地，双臂伸直，双手置于肩下方，髋屈曲约 90°，双腿屈曲，脚在膝下方，臀部抬离地面。移动时，异侧的手和脚同时向前移动约一脚距离，如此交替向前爬行。该动作的动力来源于手的后推和膝关节的屈曲，以及髋和膝关节的伸展。

图 2-3-38 反向手脚爬

作用：稳固幼儿爬行能力，提高其核心稳定性及力量传导能力，增强上下肢力量。

进阶训练

推小车：一名幼儿双手撑地，手臂伸直，两条腿保持伸直，扮演“小推车”；另一名幼儿站在其后，抓住其脚踝，抬起其双脚，放置于自己身体两侧，两人相互配合向前移动。

图 2-3-39 推小车

作用：增强幼儿上肢及核心力量，提高身体平衡和协调能力，培养幼儿的合作意识。

2. 侧向移动

标准训练

（1）并步：如向左侧移动，则右脚快速蹬地向左脚靠，在右脚靠近时左脚向左跨步，反之同理。注意向一侧蹬伸过程中脚稍微向内，膝盖和脚尖在一条线上。

图 2-3-40 并步

（2）滑步：如向左侧移动，则左脚先向左侧迈步，右脚迅速蹬伸跟进，反之同理。注意向一侧蹬伸过程中脚稍微向内，膝盖和脚尖在一条线上。

图 2-3-41 滑步

（3）交叉步：以向前交叉为例，一只脚向前迈出，同时将另一只脚向后伸展，然后后脚再向前迈出，交叉跨过前脚，如此反复进行。

图 2-3-42 交叉步

作用：提高幼儿侧向移动的速度及技能。

3. 跳跃

标准训练

（1）原地蹲跳：以屈膝、屈髋半蹲为准备姿势，双臂向后预摆，蹬地伸髋的同时双手向上摆动，用力跳起至最高高度，随后屈膝、屈髋缓冲。

图 2-3-43 原地蹲跳

作用：发展幼儿下肢爆发力，提高神经募集能力。

（2）立定跳远：双脚分开与肩同宽，屈膝、屈髋，身体前倾，双臂向后预摆，随后双臂用力向前摆动，同时下肢快速用力蹬伸，跃起后身体呈一条斜线，达到最高点后，快速屈膝收腹，双臂向后轻微摆动，脚跟着地，快速屈膝、屈髋缓冲。

图 2-3-44 立定跳远

作用：立定跳远是发展下肢爆发力与弹跳力的黄金动作。它要求下肢与髋部肌肉协调快速用力，可增强核心控制能力，同时也是下肢测试的不二选择。

进阶训练

（1）双脚连续跳：教练可设定障碍物（例如栏架、标志盘等），每两个障碍物之间相距 20 ~ 30 厘米，幼儿站在第一个障碍物后，采用双脚跳的方式连续向前跳跃，每次一格，落地时前脚掌着地，快速缓冲并接着发力，注意摆臂与起跳时上下肢协调发力。

图 2-3-45 双脚连续跳

作用：发展幼儿下肢爆发力，增强脚踝刚性，提升上下肢协调发力能力和核心控制能力。

（2）单腿跳：做好准备姿势，单脚站立，支撑腿略微弯曲，身体前倾，摆动腿与异侧的手臂向后预摆，迅速蹬伸、摆动，向上跳起，落地时屈膝、屈髋缓冲。

图 2-3-46 单腿跳

作用：发展幼儿下肢爆发力、支撑力和核心稳定性。

（3）纵跳摸高：教练可设定一个标志物，根据幼儿的能力指定高度，幼儿双脚自然开立，以半蹲为预备姿势，双腿迅速蹬伸，手臂协调向上摆动，单手用力向上摸标志物。

图 2-3-47 纵跳摸高

作用：发展幼儿下肢爆发力；该训练以目标为导向，可帮助幼儿在不断突破自我的过程中建立强大的自信心。

4. 灵敏

标准训练

（1）绳梯正向进进出出：教练准备一个绳梯，幼儿双腿分开站于绳梯第一格的后方，屈膝、屈髋，以半蹲为预备姿势，双脚分别快速进入绳梯第一格，然后双脚依次快速向前迈出至绳梯两侧，照此方式继续迈进绳梯第二格，依此顺序前进，直至最后一格。注意双臂自然摆动（初学阶段可双手叉腰）。

图 2-3-48 绳梯正向进进出出

（2）绳梯正向开合跳：教练准备一个绳梯，幼儿双腿分开站于绳梯第一格的后方，屈膝、屈髋，以半蹲为预备姿势，双脚同时跳进绳梯第一格，然后双脚同时跳出至绳梯外侧（双脚分别位于绳梯两侧），依此顺序前进，直至最后一格。注意向前跳进时双臂向前摆，跳出时向后摆（初学阶段可以双手叉腰）。

图 2-3-49 绳梯正向开合跳

作用：发展幼儿下肢制动能力及快速变向能力，锻炼大脑对肢体的控制准确性。

注意事项：在移动过程中脚不可踩线，保持重心稳定。

进阶训练

双脚六边形跳：教练准备一个边长为 30 厘米的六边形敏捷圈（或其他六边形工具），幼儿站在六边形的正中间，依次从各边跳出跳进，注意始终面向一个方向。教练可设置跳 1 圈或多圈为一组，幼儿用最快速度完成。

图 2-3-50 双脚六边形跳

作用：发展幼儿下肢制动能力及快速变向能力，培养幼儿的临场应变能力。

注意事项：在跳跃过程中不可以踩到敏捷圈的边，不可以将敏捷圈踢飞。

第四节　操作性技能的训练方法

1. 投掷

标准训练

（1）单手头上掷球（海绵球）：双脚前后分开，单手持球；将球举过头顶，身体呈背弓姿势，用核心力量带动手臂将球向斜上方投出。

图 2-3-51　单手头上掷球

作用：发展幼儿上肢力量，提高躯干稳定性及力量传导能力。

（2）双手头上掷球（篮球等）：双脚前后分开，双手持球上举置于头后。抛球时，下肢、躯干同时向前发力，将球从头部正上方抛出。

图 2-3-52　双手头上掷球

作用：发展幼儿上肢力量，提高躯干稳定性及力量传导能力。

（3）双手推球（篮球等）：呈半蹲姿，双手持球置于胸前，下肢、躯干、手臂依次发力，将球向前推出。

图 2-3-53 双手推球

作用：发展幼儿上下肢力量，提高躯干稳定性及力量传导能力。

2. 三大球类

篮球基础训练

（1）双手拍球：①双脚分开略比肩宽，屈膝、屈髋呈半蹲姿；双手五指张开，掌心贴在球的表面，手指、手腕、手臂适当用力向地面按拍球。②在球弹起时，手要跟着球的走向靠近或按拍球。③看球弹起的高低、快慢调整力度大小，等球弹到最高处时再给它一个向下的力。④拍球的时候，眼睛和身体要始终跟着球移动，球进人进，球退人退，手脚动作协调一致。⑤拍球时，球的高度最好不要超过腰部。⑥拍球时手腕放松，用向下按压的动作拍球，而不是抽打的动作。

图 2-3-54 双手拍球

作用：提高幼儿控制球的能力及手眼配合能力。

（2）双人抛接球：两人一组，相距两米面对面站立，传球人双手持球于胸腹之间，两臂自然弯曲，上臂放于身体两侧，平视传球目标。传球时，身体重心稍前移，双腿发力，两臂向前推，双手手腕随之向内旋，拇指下压，食、中指用力拨球将球传出。球出手后，双手略向外翻。接球人注视来球，两臂伸出迎球，双手手指自然张开，两拇指呈“八”字形，其他手指向前上方伸出，双手呈半圆形。

当手指触球时，双手将球握住，两臂顺势屈肘缓冲来球的力量，双手持球于胸腹之间，呈基本站姿。

图 2-3-55 双人抛接球

作用：培养双人配合意识，提高幼儿上下肢力量及反应能力。

篮球标准训练

单手拍球：双腿微屈，双脚前后分开，躯干略微前倾，双目平视，拍球的手以肘关节为轴，前臂自然屈起，用手腕配合手指柔和而有力地按拍球的后上方（左腿在前则用右手拍球）。球的落点控制在运球手臂的同侧脚的外侧前方，球的反弹高度控制在腰与胸之间。

图 2-3-56 单手拍球

作用：提高幼儿控制球的能力及手眼配合能力。

篮球进阶训练

双手交替拍球：以右侧为例，双腿微屈，双脚平行站立，躯干略微前倾，一只手以肩关节为轴，用手腕配合手指柔和而有力地拍球的侧方，向对侧发力，球的落点控制在双腿中间；另一只手主动迎球，等球弹至髋关节的高度后向内侧拍球，如此交替拍球。

图 2-3-57 双手交替拍球

作用：提高幼儿控制球的能力及手眼配合能力。

足球标准训练

脚背正面踢球：曲线助跑，支撑脚落在球的一侧，脚趾指向踢球方向，膝关节略微弯曲。在支撑腿向前跨的同时，踢球腿顺势向后摆动，膝关节跟随摆动弯曲。踢球腿前摆时以髋关节为轴心带动小腿前摆，当膝关节摆至接近球体上方时，小腿加速前摆，脚背绷直，脚趾抠紧，以脚背击球的后中部。击球后，踢球腿顺势前摆落地。

图 2-3-58 脚背正面踢球

作用：发展幼儿下肢力量和踢击球技术。

排球标准训练

正面双手垫球：以半蹲为预备姿势，当球飞来时，双手呈垫球手型，手腕下压，肘关节内侧向上形成一个平面。当球飞到距腹前一臂的距离时，两臂夹紧前伸到球下，向前上方抬臂，迎击来球，利用腕关节以上 10 厘米左右处的桡骨内侧平面击球的中下部，身体重心随击球动作前移，击球点保持在腹前。（这里所采用的垫球手势为叠掌式）

图 2-3-59 正面双手垫球

作用：提高幼儿的空间感知能力、距离感知能力以及反应速度，提高核心稳定性，掌握垫球技术。

注意事项：排球技能的训练难度相对较高，建议使用轻器械进行练习，例如气球。

第五节 平衡稳定的训练方法

1. 改变支撑面

标准训练

（1）单腿站立：幼儿先双腿站立，目视前方，双手侧平举，一条腿缓缓提膝，直至大腿与地面平行，保持 10～60 秒（根据情况而定），然后换另一侧腿站立。

图 2-3-60 单腿站立

作用：提高幼儿下肢及腰背部等处的肌肉力量及稳定性，改善视觉、前庭觉以及对地面的感知等本体觉。

（2）双脚前脚掌站立：教练设置一个稳定的高台（台阶、跳箱都可，高度不超过 30 厘米），幼儿呈站姿站于高台后，右脚前脚掌踩在高台边，随后左脚前脚掌踩在高台边，目视前方，身体直立略微前倾，保持 10～60 秒（根据情况而定）。

图 2-3-61 双脚前脚掌站立

作用：提高幼儿踝关节的肌肉力量及稳定性，改善视觉、前庭觉以及对地面的感知等本体觉。

进阶训练

单脚站波速球（平衡软踏、感统乌龟壳、榴莲球）：教练将波速球球面朝上放置，幼儿站于波速球后侧，右脚站于波速球的正中间，重心前移，左腿缓慢提膝至大腿与地面平行，保持 10 ～ 60 秒（根据情况而定），然后换另一侧腿站立。

图 2-3-62 单脚站波速球

作用：提高幼儿踝关节的肌肉力量及稳定性，改善视觉、前庭觉以及对地面的感知等本体觉。

2. 改变视觉环境

进阶训练

闭眼单腿站立：双腿站立，闭眼（或戴眼罩），双手侧平举，一条腿缓缓提膝，直至大腿与地面平行，保持 10 ～ 60 秒（根据情况而定），然后换另一侧腿站立。

图 2-3-63 闭眼单腿站立

作用：可以锻炼幼儿身体的平衡感和协调性。通过闭眼单腿站立练习，能够加强小脑的功能，提高身体对姿势和空间位置的感知能力；提高专注力，对于改善注意力不集中的问题、提升精神状态有一定的帮助。

3. 改变身体位置

进阶训练

（1）单脚站立胸前抛接球：单脚站立，另一只脚稍微抬起离开地面，膝盖弯曲。抛接球时注意观察搭档的位置，协调发力并注意抛接球的力度；抛接球全程须单脚站立，通过调整脚底与地面的接触面积和身体重心来保持平衡。

图 2-3-64 单脚站立胸前抛接球

作用：提高幼儿单脚支撑的稳定性，改善视觉、前庭觉以及对地面的感知等本体觉。

（2）燕式平衡：呈站立姿，双手前平举，一条腿提膝，上体前倾至与地面平行，同时双臂向身体两侧打开，悬空腿向后上方抬起至超过头部，注意髋关节不要外翻，保持 5 ～ 10 秒，换另一条腿。

图 2-3-65 燕式平衡

作用：提高幼儿单侧支撑稳定性及核心控制能力，改善后侧链灵活性及对地面的感知等本体觉。

（3）双脚跳波速球：教练将波速球球面朝上放置，幼儿站于波速球后侧，以半蹲为预备姿势，跳上波速球正中间，屈膝、屈髋缓冲，双臂向前伸，保持稳定。

图 2-3-66 双脚跳波速球

作用：发展幼儿下肢力量及核心稳定性，改善视觉、前庭觉以及对地面的感知等本体觉。

（4）走平衡木：学生站于平衡木一端，保持身体直立并放松，双臂侧平举，直视前方，向前迈步，保持步伐平稳，注意控制移动节奏。

图 2-3-67 走平衡木

作用：提高幼儿专注力，改善视觉、前庭觉以及对地面的感知等本体觉。

（5）摸石头过河：教练将感统乌龟壳（榴莲球、奶粉桶等）摆放为没有规律的一列，幼儿站于一端，双臂侧平举，然后依次踩在感统乌龟壳上向前移动，注意中途不可掉下来。

图 2-3-68 摸石头过河

作用：提高幼儿专注力，改善视觉、前庭觉以及对地面的感知等本体觉。

第六节 柔韧素质的训练方法

1. 动态拉伸

标准训练

（1）跟尖行走：呈站立姿，双脚分开与肩同宽，右脚向前迈一小步，脚跟先着地而后右脚背屈（垫起），以脚跟为轴心，脚掌、脚尖依次着地，尽力通过踝轴提升重心，然后左腿提膝至大腿与地面平行，向前迈出下一步。重复以上动作，每个步子逐渐增加幅度。

图 2-3-69 跟尖行走

作用：改善幼儿踝关节的屈伸活动度，提高单侧支撑的动态平衡能力。

（2）抱膝走：呈站立姿，右腿提膝勾脚，双手交叉，抱住右膝前侧，将膝盖向胸前靠拢，单腿支撑保持稳定，保持 2 ～ 3 秒，然后放下右腿换另一侧腿。

图 2-3-70 抱膝走

作用：提高幼儿髋关节的灵活性，加强单侧支撑的动态稳定性。

（3）毛毛虫拉伸：呈站立姿，双脚分开与肩同宽，慢慢屈膝，同时向前屈腰，双手平放于地且与肩同宽，重心在后（即不要将重心直接压在手上），臀部上拔，身体呈倒 V 字，双手交替向前移动（好像用手走小步一样），直到身体呈俯撑姿，再向手的位置小步挪脚，保持膝微屈。

图 2-3-71 毛毛虫拉伸

作用：提高幼儿后侧链的灵活性，提高核心稳定性。

（4）弓箭步转体：呈站立姿，一条腿提膝向前迈步呈弓箭步，双手前平举，前腿同侧手臂向后打开，上身随之转动，直至两臂及肩膀呈一条直线，保持 2 ～ 3 秒后恢复原位，换另一侧进行。

图 2-3-72 弓箭步转体

作用：提高幼儿螺旋链的灵活性，增强下肢力量及稳定性。

（5）肩绕环：呈站立姿，两臂自然下垂，然后经前侧、上侧、后侧、下侧，进行最大程度的绕肩运动。

图 2-3-73 肩绕环

作用：提高幼儿肩关节的灵活性，增强肩关节周围的肌肉力量。

2. 静态拉伸

标准训练

（1）坐位体前屈：呈坐姿，双腿伸直，双脚并拢，双臂向前伸直平举，掌心向下，上体在保持膝关节伸直的情况下缓慢用力前屈，指尖尽力向前伸，直至能达到的最大程度。

图 2-3-74 坐位体前屈

作用：提高幼儿腓肠肌、腘绳肌、背部肌群等后侧链肌群的柔韧性。

（2）横叉：坐在垫子上，髋关节外展，调整骨盆使之端正。双脚向两侧打开至最大程度，脚尖回勾时吸气，脊椎延展时呼气，骨盆前倾身体前屈，在能达到的最大程度保持 3 ~ 5 分钟。

图 2-3-75 横叉

作用：提高幼儿髋关节的灵活性，提高内收肌群的柔韧性，矫正身体姿态。

（3）竖叉：双腿前后分开，双手撑于身体两侧，躯干略微前倾，前腿脚跟着地，后腿膝关节、脚背着地，在保证髋部朝前的情况下，双腿尽力向两端延伸，直至能达到的最大程度。

图 2-3-76 竖叉

作用：提高幼儿髋关节的柔韧性，提高腘绳肌、髂腰肌等肌群柔韧性，矫正身体姿态。

第四章　幼儿体能测评方法及评价标准

第一节　各项测试流程及方法

1. 坐位体前屈测试

测试目的：测量幼儿的腰、髋等整个后侧链能够达到的活动幅度。主要反映这些部位的关节、韧带和肌肉的伸展性、弹性以及身体柔韧素质的发展水平。

测试器械：坐位体前屈测量器 ×1、瑜伽垫 ×1。

测试方法：受试者双腿伸直，平坐于垫上，双脚分开与髋同宽，脚掌抵住挡板，双手前伸，用双手中指抵住游标，躯干前倾，在保证膝关节伸直的情况下，缓慢用力向前推游标，直至推到最远距离。记录员记录游标的刻度，每人两次机会，取最大值（成绩以厘米为单位，精确到小数点后一位数）。

图 2-4-1　坐位体前屈测试

注意事项：（1）始终保持膝关节伸直。（2）受试者应缓慢向前推动游标，不得突然发力。

2. 闭眼单腿站立测试

测试目的：通过测量幼儿在没有任何可视参照物的情况下使身体重心在单脚支撑面上维持稳定的时间，来反映其平衡能力的强弱。

测试器械：眼罩 ×1、秒表 ×1。

测试方法：受试者戴好眼罩，自然站立，当听到“开始”的口令后，抬起任意一只脚，同时测试员开始计时；当受试者的支撑脚移动或抬起脚着地时，测试员停止计时。每人 3 次机会，取最好成绩（成绩以秒为单位，精确到个位）。

图 2-4-2 闭眼单腿站立测试

注意事项：（1）确保眼罩完全遮住眼睛；（2）支撑脚不可以有任何移动；（3）悬空腿不可以接触支撑腿。

3. 双脚六边形跳测试

测试目的：双脚六边形跳是反映受试者双脚灵敏性、神经和肌肉控制能力的测试，同时也是对其学习能力的一种考验，目前此项测试已广泛运用于球类、格斗类、田径等多个运动项目的运动员专项测试中。

测试器械：30 厘米六边形敏捷圈（或其他六边形工具）×1、秒表 ×1。

测试方法：受试者双脚站于六边形敏捷圈的中心位置，按照顺时针或逆时针的方向，依次从每条边的上方跳出跳进（双脚同时跳），直至跳完六条边回至中心位置。测试员喊“开始”口令的同时开始计时，当受试者跳完六条边回到中心位置后停止计时（成绩以秒为单位，精确到小数点后一位数）。

图 2-4-3 双脚六边形跳测试

犯规动作：（1）踢飞或踩到六边形测试工具算作失败；（2）双脚没有按照一个方向跳跃算作失败；（3）漏跳算作失败；（4）身体随跳跃方向转动算作失败。

注意事项：每人仅有一次失败机会，失败后须从起点重新开始，两次失败则没有成绩。

4. 10 米折返跑测试

测试目的：主要反映受试者的移动速度、协调性、灵敏性以及准确改变身体姿势、运动方向的快速反应与应变能力。

测试器械：米尺 ×1、标志桶 ×2、秒表 ×1。

测试方法：在平坦的地面上量出 10 米的距离，分别在起点和折返点放一个标志桶，受试者在起点听到“跑”的口令后快速跑向折返点，触碰到标志桶后快速原路跑回起点。测试员在发出“跑”的口令的同时开始计时，待受试者越过起点线时停止计时（成绩以秒为单位，精确到小数点后一位数）。

图 2-4-4 10 米折返跑测试

注意事项：（1）受试者不能抢跑；（2）跑至折返点后一定要触碰到标志桶；（3）返回途中不要减速。

5. 直臂悬垂测试

测试目的：主要测试抓握能力。

测试器械：单杠 ×1、秒表 ×1。

测试方法：受试者独立或在辅助下双手正握单杠，双手略宽于肩，直臂悬垂于单杠下，保持身体静止。测试员从受试者握住单杠、身体悬空开始计时，受试者的手从单杠滑落时结束计时（成绩以秒为单位，精确到个位）。

图 2-4-5 直臂悬垂测试

注意事项：测试过程中尽量保持身体静止，减少不必要的消耗。

6. 立定跳远测试

测试目的：主要反映下肢爆发力和上下肢的协调配合能力。

测试器械：立定跳远垫子 ×1。

测试方法：受试者站在立定跳远测试垫的起点位置，双脚自然分开与肩同宽，双臂向后摆动的同时屈膝、屈髋，重心向前移，伸膝、伸髋，下肢蹬伸的同时双臂快速向前摆动，带动身体向前跳跃，落地时屈膝、屈髋缓冲。测试员记录成绩，每人两次机会，取最好成绩（成绩以厘米为单位，精确到个位）。

图 2-4-6 立定跳远测试

注意事项：测试过程中双脚不要超过起跳线，跳跃前不要垫步。落地时手撑地或前后分腿的话，成绩取最近距离。

7. 原地掷远测试

测试目的：主要反映上肢投掷能力和上下肢协调发力能力。

测试器械：海绵球 ×1、米尺 ×1、标志贴 ×10。

测试方法：受试者双脚前后自然开立，单手持海绵球，由下肢传递力量到上肢末端，用手将球向前抛出。每人两次机会，取最好成绩（成绩以米为单位，精确到小数点后一位数）。

图 2-4-7 原地掷远测试

注意事项：测试过程中及完成投掷后，脚都不要越过起始线；不能双手完成掷远。

第二节 评价标准

中班幼儿体能评价标准

测试项目	坐位体前屈（厘米）		闭眼单腿站立（秒）		双脚六边形跳（秒）		10 米折返跑（秒）		直臂悬垂（秒）		立定跳远（厘米）		原地掷远（米）	
组别	男	女	男	女	男	女	男	女	男	女	男	女	男	女
10 分	> 14.4	> 16.6	≥ 50	≥ 50	< 5.5	< 6	< 6.4	< 6.7	> 80	> 70	> 110	> 102	≥ 7	> 6.5
9 分	14.4~12.7	16.6~14.9	49~45	49~45	5.5~5.9	6~6.4	6.4~6.6	6.7~6.9	80~75	69~65	110~103	102~96	6.9~6.6	6.4~6.2
8 分	12.6~11	14.8~13.2	44~40	44~40	6~6.4	6.5~6.9	6.7~6.9	7~7.2	74~70	64~60	102~96	95~89	6.5~6.1	6.1~5.9
7 分	10.9~9.2	13.1~11.4	39~35	39~35	6.5~6.9	7~7.4	7~7.3	7.3~7.5	69~60	59~55	95~88	88~82	6~5.5	5.8~5.2
6 分	9.1~7.6	11.3~9.7	34~30	34~30	7~7.4	7.5~7.9	7.4~7.6	7.6~8	59~55	54~50	87~80	81~75	5.4~5	5.1~4.5
5 分	7.5~5.6	9.6~7.5	29~25	29~25	7.5~7.9	8~8.4	7.7~8.3	8.1~8.7	54~50	49~45	79~72	74~67	4.9~4.4	4.4~3.8
4 分	5.5~3.5	7.4~5.5	24~20	24~20	8~8.5	8.5~8.9	8.4~8.9	8.8~9.6	49~45	44~35	71~65	66~60	4.3~3.5	3.7~3.2
3 分	3.4~2.2	5.4~4.2	19~15	19~15	8.6~9	9~9.4	9~9.6	9.7~10.4	44~35	34~25	64~57	59~54	3.4~2.5	3.1~2.6
2 分	2.1~1	4.1~3	14~10	14~10	9.1~9.6	9.5~9.9	9.7~10.3	10.5~11.2	34~25	24~15	56~50	53~50	2.4~2	2.5~2
1 分	0.9~0	2.9~0	9~5	9~5	9.7~10.5	10~11	10.4~11	11.3~12	24~15	14~5	49~45	49~45	1.9~1.6	1.9~1
0 分	< 0	< 0	< 5	< 5	> 10.5	> 11	> 11	> 12	< 15	< 5	< 45	< 45	≤ 1.5	< 1

大班幼儿体能评价标准

测试项目	坐位体前屈（厘米）		闭眼单腿站立（秒）		双脚六边形跳（秒）		10 米折返跑（秒）		直臂悬垂（秒）		立定跳远（厘米）		原地掷远（米）	
组别	男	女	男	女	男	女	男	女	男	女	男	女	男	女
10 分	≥14.4	≥ 16.7	≥ 50	≥ 50	≤ 4.5	≤ 5	< 5.6	< 5.9	> 100	> 90	>136	> 123	≥ 8	≥ 7
9 分	14.3~12.4	16.6~14.8	49~45	49~45	4.6~5	5.1~5.5	5.6~5.7	5.9~6	100~95	90~85	135~128	123~117	7.9~7.7	6.9~6.7
8 分	12.3~10.5	14.7~13	44~40	44~40	5.1~5.5	5.6~6	5.8~6	6.1~6.2	94~85	84~75	127~120	116~109	7.6~7.4	6.6~6.4
7 分	10.4~8.8	12.9~11.3	39~35	39~35	5.6~6	6.1~6.5	6.1~6.2	6.3~6.5	84~75	74~65	119~111	108~101	7.3~6.5	6.3~5.5
6 分	8.7~7.1	11.2~9.6	34~30	34~30	6.1~6.5	6.6~7	6.3~6.5	6.6~6.9	74~65	64~55	110~104	100~94	6.4~5.8	5.4~4.8
5 分	7~5.6	9.5~7.5	29~25	29~25	6.6~7	7.1~7.5	6.6~6.8	7~7.2	64~55	54~45	103~95	93~87	5.7~5	4.7~4
4 分	5.5~3.2	7.4~5.4	24~20	24~20	7.1~7.5	7.6~8	6.9~7.4	7.3~7.9	54~45	44~35	94~88	86~79	4.9~4.2	3.9~3.2
3 分	3.1~2.1	5.3~4.2	19~15	19~15	7.6~8	8.1~8.5	7.5~7.9	8~8.5	44~35	34~25	87~79	78~71	4.1~3.5	3.1~2.5
2 分	2~1	4.1~3	14~10	14~10	8.1~8.5	8.6~9	8~8.7	8.6~9.4	34~25	24~15	78~70	70~65	3.4~3	2.4~2
1 分	0.9~0	2.9~0	9~5	9~5	8.6~9	9.1~10	8.8~9.4	9.5~10.2	24~15	14~5	69~61	64~60	2.9~2.6	1.9~1.6
0 分	< 0	< 0	< 5	< 5	> 9	> 10	> 9.4	> 10.2	< 15	< 5	< 61	< 60	≤ 2.5	≤ 1.5

第三部分 游戏篇

游戏是指在特定时间、空间范围内遵循某种特定规则的行为方式，也是幼儿阶段重要的学习方式。

幼儿阶段正是大脑发育的高峰期，幼儿在游戏中不断学习规则和利用规则，能够培养自主思考能力和规则意识，提高专注力及耐心。幼儿是通过不断挑战自我、挑战对手来获取游戏胜利的，在不知不觉中提升了反应、灵敏、力量等一系列体能素质，更培养了自身坚持不懈、顽强拼搏的品格。

本书将游戏分为三种形式，第一种为闯关类，主要培养幼儿各项体能、技能的连续性以及挑战自我的能力；第二种为对抗类，意在培养幼儿随机应变能力以及直面对手时所需的心理品质；第三种为控制类，主要在幼儿控制肢体精准完成动作的过程中，培养其专注力、稳定性和意志力。

第一章　闯关类游戏

闯关类游戏是将一系列的体能、技能按照一定的顺序排列组合，教练可根据幼儿完成的速度与标准程度进行评价。

闯关类游戏包括：位移类（正向侧向移动、爬行、攀爬等）、体操类（滚翻、倒立、翻越）、灵敏类（变向、绕桩等）、平衡稳定类（不稳定、减少支撑面、视觉）、力量类（搬运、拖拽、上举等）、技能类（篮球、足球、排球等）和综合类（多种形式合一）。在设计赛道的过程中，最少选择三种类别的游戏进行组合。

示例：跑酷

建议班级：大班。

此游戏灵感主要来源于跑酷类手机游戏。幼儿在游戏过程中不断奔跑、跳跃、翻越、躲闪，对其跑动、跳跃、平衡能力以及灵敏素质、技巧等都有一定程度的提升。

游戏形式：除单人形式，也可以采用多组竞赛或追逐赛的形式。

场地：长度 20 米，宽度 10 米。

器械：标志桶 ×10、感统乌龟壳 ×5、2 米体操垫 ×1、60 厘米跳箱 ×1、高小栏架 ×5、矮小栏架 ×5，以上为一组器械的数量，教练可根据实际情况设置组数。

游戏介绍

教练将幼儿分组，一组一个赛道，幼儿在本组赛道后排队。当第一个人进行至第三关时，第二个人方可出发。

第一关：绕桩（标志桶）

幼儿降低重心，小步快跑、绕桩，注意不可触碰标志桶。

第二关：钻栏（高小栏架）

幼儿降低重心，穿越横杆，注意不可碰到栏架。

第三关：摸石头（感统乌龟壳）过河

幼儿先将一只脚踩到感统乌龟壳上，然后另一只脚向前迈步，双脚交替前进，注意不可踩碰地面。

第四关：跳栏（矮小栏架）

幼儿双脚起跳，依次跳跃栏架，注意不可触碰栏架。

第五关：助跑翻越障碍（跳箱）

幼儿助跑单脚起跳，单手支撑并快速翻越跳箱，然后双脚落地，注意保持重心稳定，动作快速、有节奏。

第六关：前滚翻（体操垫）

幼儿借助上一动作双脚落地的惯性，迅速做前滚翻。注意滚动时团身。

第七关：前滚翻结束后，手摸终点标志桶，然后迅速加速冲刺返回起点。

注意事项：教练按照幼儿的实际情况进行人员排序，速度较快的幼儿排至前排。

第二章　对抗类游戏

对抗类游戏是指在一定规则条件下，双方或多方对立、对抗，一方或多方胜出的一类游戏，一般具有以下特点。①规则性：在游戏开始之前幼儿要先熟悉游戏规则，幼儿必须按照设定的规则完成游戏，从而建立规则意识；②对抗性：双方或多方有意识地竞争、对抗，可以激发幼儿的竞争意识，让他们学会在竞争中努力争取胜利，也学会面对失败；③趣味性：游戏环境安全、有趣，能够吸引幼儿的注意力，让他们在游戏中感受到快乐和挑战；④社交性：在游戏中，幼儿需要与他人互动、沟通，从而提高他们的社交能力。

示例一：扯尾巴

建议班级：大班。

此游戏为腰旗橄榄球的退阶游戏，可以锻炼幼儿的速度、灵敏等体能素质，培养幼儿的主动竞争意识和合作意识。教练根据幼儿对规则的掌握情况，安排双人或多人对抗。

场地：根据班级人数设置，平均每人 1 平方米大小。

器械：每人 1 条彩色毛巾、哨子 ×1、秒表 ×1。

游戏介绍

1. 2 人一组，选好各自所在区域；

2. 让幼儿把毛巾（即“尾巴”）塞进后裤腰，教练发出“开始”的指令后，幼儿开始左右挪动，瞅准机会揪对方的“尾巴”，但不能推拉其他身体部位，先揪下对方“尾巴”者胜利。每组参与游戏的时间最长为 1 分钟，教练根据幼儿实际情况设置组数。

注意事项：教练应时刻关注幼儿是否位于自己的区域，避免组与组相距过近。

示例二：扔沙包

扔沙包为经典的躲闪类游戏，此游戏不仅可以训练幼儿的投掷技巧和灵敏素质，还可以使幼儿的反应能力、随机应变能力得到一定提升。

场地：每组长度至少 5 米，宽度至少 2 米。

器械：4 人 1 个沙包、哨子 ×1。

游戏介绍

4 人一组，每组分两个阵营（每个阵营两人）；一个阵营的两人分别站在场地两端，另一个阵营的两人站在场地中央。场地两端的人轮流砸在场地中央躲沙包的人，躲沙包的人如果被砸中则退至场地外；躲沙包的人如果接住沙包，则可储存“一条命”或“复活”本方已下场的队友；当躲沙包人的全部退场，则两个阵营互换阵地，游戏重新开始。

示例三：抢水果大战

建议班级：大班。

抢水果大战是一个要求速度、灵敏、战术以及反应能力综合于一体的游戏。幼儿在游戏的过程中要充分观察对手的动作，从而作出自己的判断。此游戏不仅可以锻炼幼儿的身体素质，而且对其灵活应变能力和解读比赛能力都有不同程度的提升。

场地：长度至少 21 米，宽度至少 5 米。

器械：标志盘 ×50、敏捷圈 ×30、哨子 ×1、秒表 ×1。

游戏介绍

将幼儿分为两至三组，每组 8 ～ 10 人，每人一个敏捷圈。教练将 30 ～ 50 个标志盘放在自己面前，幼儿以教练为基准，在距离教练 5 米的地方将敏捷圈摆成一排，左右间隔 3 米。幼儿站于敏捷圈内，待教练发出“开始”的指令后，幼儿可以去拿教练面前的标志盘，将其放到自己的敏捷圈内，也可拿他人的敏捷圈内的标志盘，每一次只可以拿一个，限时 1 分钟，最后拿到标志盘最多的为胜者。一组结束后下一组开始。

示例四：传球抓人

建议班级：大班。

传球抓人是以篮球传球为主要方式的游戏，在游戏过程中幼儿需要不断移动、传球、躲闪，并且需要一定的团队配合。此游戏不仅对幼儿的速度、灵敏等体能素质有一定提升，而且能提升其临场判断能力，帮助其学会与队友沟通、协调并制定出合理的战术，从而获胜。

场地：长度 12 米，宽度 8 米。

器械：篮球 ×1。

游戏介绍

选出两人作为抓人方，其余人作为躲避方；游戏过程中任何一方都不可超出界线，抓人方的两人用一个篮球互相传球，接到球的人手持篮球触碰躲避人，不可走步或运球；被触碰到的人加入抓人方一起捕捉下一目标，直到捉到最后一人。在抓人方传球过程中，躲避方可看准机会打掉篮球以破坏捕捉，注意人和球都不可超出界线。

示例五：警察抓小偷

警察抓小偷是一个经典的主题对抗类游戏，此游戏需要幼儿不断奔跑、闪避、变向、翻越，可以训练幼儿的移动速度、敏捷能力。由于加入了主题元素，幼儿更容易沉浸其中，对于锻炼其神经传导能力和反应能力具有良好的效果。

场地：教练根据幼儿园场地大小确定。

器械：跳箱、体操垫、栏架、轮胎等。

游戏介绍

教练划定一片区域，并在该区域内随意放置跳箱、体操垫、轮胎等器械，无须设定固定路线。幼儿两人一组，通过抽签确定谁是警察、谁是小偷，两人站在同一起点，小偷先出发，2 秒之后警察出发，警察在 10 ～ 20 秒内抓住小偷（教练根据场地以及幼儿实际情况确定比赛时长），否则小偷获胜。

注意事项：使用的器械尽量足够稳定且具有软包，避免幼儿磕碰受伤。

第三章　控制类游戏

控制类游戏强调精准操作能力和控制能力。幼儿需要在游戏中准确地执行特定的动作或操作，以达到游戏的目标或获得高分。

控制类游戏要求幼儿具备良好的反应速度和手眼协调能力，需要幼儿在短时间内做出准确的操作，以应对游戏中的各种挑战。

示例一：托球接力

托球接力是集速度、控制、空间感觉及团队配合于一体的竞速游戏，学生可以从游戏中提升速度、身体控制力、空间感觉力等运动素质，还可以培养团队凝聚力。

场地：两条长度为 10 米的赛道。

器械：乒乓球拍 ×4、乒乓球 ×4、标志桶 ×4、哨子 ×1、秒表 ×2。

游戏介绍

准备两条 10 米赛道，在赛道两头分别放置标志桶，用于标记起点和折返点。将幼儿平均分为两列，让他们在起点处排队，分别给每队排在第一、第二位的两人一个乒乓球拍和一个乒乓球。排在第一位的人听到哨声后，手拿球拍托球，快速移动到折返点，绕过折返点返回起点后，第二个人出发，排在第一位的人将球拍和球交给第三个人，依次进行直至最后一个人返回起点，游戏结束，停止计时，用时少的队伍获胜。

注意事项：移动过程中，幼儿的另一只手全程不能触碰乒乓球，如球掉落则须捡起球并回到失球点再出发，必须绕过标志桶。

示例二：不落地的气球

不落地的气球以培养空间感、准确性、手眼协调配合能力为主，幼儿可以在游戏中锻炼协调能力和空间感觉力。

器械：乒乓球拍 / 书本 ×4、气球 ×4、哨子 ×1、秒表 ×2。

游戏介绍

将学生平均分为两列，一字排开，每队分别给排在第一、第二位的两人一个乒乓球拍（或一本书）和一个气球。排在第一位的人听到哨声后，手拿球拍将气球向上拍起，等气球下落到与身高相同的位置时再次将气球拍起，连续拍 5 次后，第二个人开始，第一个人将球拍和气球传给第三个人，当所有人都完成后，游戏结束，停止计时，用时少的队伍获胜。

注意事项：游戏全程气球不能落地，如气球掉落则须捡起气球并回到失球点后才能继续游戏。

示例三：珍珠球（简化版）

珍珠球是我国满族传统体育活动，这里采用的是简化版。此游戏模仿了满族人民在水中采珍珠的情形，不仅可以锻炼幼儿的身体控制力、准确性，还能提升其团队协作和相互配合的能力。

场地：5 个 6×3 米场地，每组场地的设置如下页图 3-3-1 所示。

器械：海绵球 50 个。

游戏介绍

4 人一组，每组分两个阵营，一个阵营为进攻方，一个阵营为防守方，比赛区域分为水区（3 米 ×2 米）、蛤蚌区（3 米 ×2 米）、威呼[①]区（3 米 ×2 米）。防守方在蛤蚌区，进攻方一人在水区手拿 10 颗“珍珠”（海绵球），一人在威呼区用衣服作网。在游戏过程中，水区的人将“珍珠”一颗一颗扔向威呼区，威呼区的人用“网”接住“珍珠”，防守方在中间干扰进攻方。各个区域的人可以移动，但脚不得踩线或离开自己的区域。游戏时间为 3 分钟，或到进攻方将“珍珠”全部接到为止，如果“珍珠”掉到地上，则代表失去本颗“珍珠”。最后“网”里有几颗“珍珠”则记几分，得分多的一方获胜。

注意事项：每块场地间隔最少 2 米，建议每名教练最多盯着两块场地。幼儿需穿较为宽松的衣服。

---

① “威呼”在满语中意为“独木舟”。

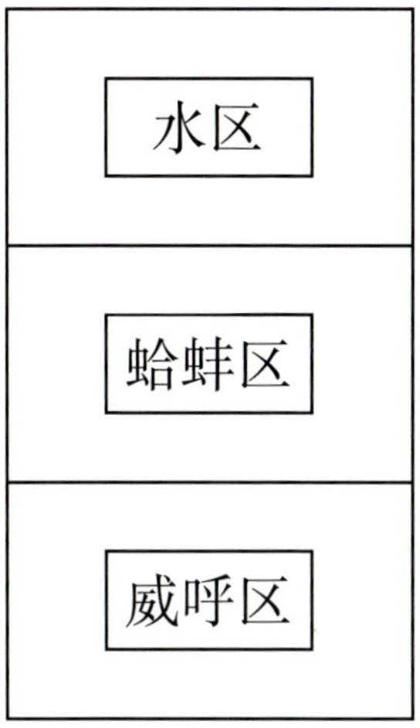

图 3-3-1 珍珠球游戏场地设置

参考文献

[1] 张予南，高留红．体操初级教程 [M]．北京：北京体育大学出版社，2011.

[2] 赵焕彬，周喆啸．幼儿功能性动作教学理论与实践 [M]．北京：人民体育出版社，2018.

[3] 国家体育总局青少年体育司，中国田径协会．中国青少年田径大纲教法指导 [M]．北京：人民体育出版社，2021.

[4] 美国国家运动与体育教育协会，博尔斯多夫，波因克．体适能教学与训练指导小学阶段 第 3 版 [M]．唐芬，刘建进，谭廷信，译．北京：人民邮电出版社，2020.

[5] 李鸿江．田径 [M]．3 版．北京：高等教育出版社，2014.

[6] 王家宏．球类运动：篮球 [M]．3 版．北京：高等教育出版社，2015.

[7] 虞重干．排球运动教程 [M]．北京：人民体育出版社，2009.

[8] 蔡向阳，王崇喜．球类运动：足球 [M]．4 版．北京：高等教育出版社，2021.

[9] 国家国民体质监测中心．国民体质测定标准（2023 年修订）[S]．2023：1-21.